W0464721

DOE EN DENK ALS

BOEDDHA

(EN ANDERE ZENMEESTERS)

François Busson

DOE EN DENK ALS BOEDDHA

(EN ANDERE ZENMEESTERS)

Leef in het nu, streef naar eenvoud, wees vriendelijk voor anderen

KOSMOS

Kosmos Uitgevers, Utrecht/Antwerpen

KOSMOS

www.kosmosuitgevers.nl

kosmos.uitgevers

kosmosuitgevers

Oorspronkelijke titel: *Agir et penser comme un maître zen*
Oorspronkelijke uitgever: Les Éditions de l'Opportun
© 2021 Éditions de l'Opportun
© 2021 illustraties Nord Compo

Voor de Nederlandstalige editie:
© 2023 Kosmos Uitgevers, Utrecht/Antwerpen
Titel: *Doe en denk als Boeddha (en andere zenmeesters)*
Ondertitel: *Leef in het nu, streef naar eenvoud, wees vriendelijk voor anderen*
Vertaling: Ingrid Buthod (www.inaksie.nl)
Omslagontwerp: Terry Jonathans, gebaseerd op een ontwerp van olo.éditions
Vormgeving binnenwerk: www.intertext.be

Kosmos Uitgevers vindt het belangrijk om op milieuvriendelijke en verantwoorde wijze met natuurlijke bronnen om te gaan. Bij de productie van het papieren boek van deze titel is daarom gebruikgemaakt van papier waarvan het zeker is dat de productie niet tot bosvernietiging heeft geleid.

ISBN 978 90 4393 086 4
ISBN e-book 978 90 4393 087 1
NUR 770

Deze uitgave is gepubliceerd dankzij een overeenkomst met Les Éditions de l'Opportun in samenwerking met hun daartoe aangewezen agent 2Seas Literary Agency.

Alle rechten voorbehouden / All rights reserved
Niets uit deze uitgave mag worden verveelvoudigd en/of openbaar gemaakt door middel van druk, fotokopie, onlinepublicatie of op welke andere wijze en/of door welk ander medium ook, zonder voorafgaande schriftelijke toestemming van de uitgever.

Deze uitgave is met de grootst mogelijke zorgvuldigheid samengesteld. Noch de maker, noch de uitgever kan echter aansprakelijk gesteld worden voor eventuele schade als gevolg van eventuele onjuistheden en/of onvolledigheden in deze uitgave.

Inhoud

Voor Saul, namens opa Zen

'Een boek dat wil uitleggen wat zen is,
grenst aan misleiding: hoe meer het de lezer
het gevoel geeft dat hij het begrijpt,
hoe minder het hem dat begrip kan geven.'

ALAN W. WATTS*

* Woorden met een asterisk als ze voor het eerst in de tekst voorkomen, staan vermeld in de woordenlijst aan het eind van het boek.

Voorwoord

Enkele eeuwen geleden zei Descartes al:
'Ik denk, dus ik ben.' Daar begint de filosofie.
Maar hoe zit het dan als je niet denkt?
Daar begint zen.'

Seung Sahn*, Koreaans zenmeester

Toen Stéphane Chabenat, de uitgever van dit boek, me voorstelde om *Doe en denk als Boeddha (en andere zenmeesters)* te schrijven, voelde ik me zeer vereerd en een tikje verrast. Want ook al beoefen ik zen inmiddels al een kwart eeuw, ik ben, in de fraaie bewoordingen van meester Dōgen,[1] nog steeds een eenvoudige leerling op weg naar verlichting en zeker geen meester in wat dan ook. Behalve misschien op het gebied van taartdeeg, een eretitel die mij is verleend door een aantal personen die me zeer na staan en dierbaar zijn. Maar het idee liet me ook glimlachen. Een boek schrijven met de titel *Doe en denk als ...* over mensen die urenlang tegenover een muur kunnen zitten vanuit het ambi-

1 Zie het portret op blz. 63.

tieuze plan om hun hectische gedachten los te laten en hun lichaam tot rust te brengen door geen vin te verroeren, lijkt bij voorbaat gedoemd te mislukken. En dan hebben we het nog niet eens over de boeddhistische leer die elke vorm van intellectualisme wantrouwt als de pest, praktische ervaring verkiest boven discussies en waarvan de *rinzai**-versie probeert vragen te beantwoorden als *'Welk geluid maakt één enkele hand die applaudisseert?'* Een vraag die volgens mijn stellige overtuigingen een grote groep lezers de stuipen op het lijf zal jagen. Kortom, misschien was het slimmer geweest het boek de titel *Niet doen en niet denken als een zenmeester* te geven!

Zen is dus van een onzegbare orde. Er zijn beslist grote denkers onder de zenmeesters, die schitterende (zij het niet altijd even leesbare) geschriften hebben nagelaten en tal van getalenteerde exegeten die deze geschriften naar hartenlust hebben ontcijferd en geanalyseerd. Parallel daaraan kennen we sinds een jaar of vijftien ook een ware zen-trend, waarbij het woord misbruikt wordt om zowel parfums als dieetmaaltijden, een Livebox, een pen of een muismatje (google maar eens op zenproducten) aan de man te brengen. Een paar maanden geleden hingen er in de metro in de stad waar ik woon posters waarop een knappe brunette met een charmante glimlach de reizigers probeerde te verleiden om een kant-en-klare maaltijdsalade te kopen en zo tijd te besparen die ze weer kunnen gebruiken om te mediteren. Een idee dat een zenmeester vriendelijk doet glimlachen terwijl hij zich afvraagt waarom je de sla niet zelf zou snijden en wassen, een handeling die immers, mits bewust uitgevoerd, op zich al een meditatie is.

Terugdenkend aan die poster kwam ik op de gedachte dat het misschien best nuttig zou zijn om de gapende kloof te dichten tussen de zenmeesters van vroeger en nu en dat commerciële surrogaat dat vaker wel dan niet in totale tegenspraak is met de essentie van deze leer.

Ik hoop alleen dat dit bescheiden boekje iedereen zal aanspreken die zen net ontdekt. De wat meer gevorderde beoefenaren zullen er misschien wat afleiding in vinden en een smoes om even op adem te komen tussen twee duiken zonder zuurstofmasker in een van de 95 hoofdstukken van de *Shōbōgenzō** van meester Dōgen.

Op de goede weg

Zen is geen leer die slapheid verheft tot levensstijl en nog minder een softe oplossing voor onze existentiële angsten. Het is een spirituele methodiek die al eeuwenlang wordt doorgegeven door vaak zeer kleurrijke meesters die in niets lijken op het beeld dat we hebben van een Wijze met hoofdletter W.

Na een poging te definiëren wat zen en wat een meester is (zodat we weten waarover we het hebben) vond ik het belangrijk om het portret te schilderen van enkelen van die grote wijzen die, vanaf Bodhidharma tot nu, de essentie van deze spirituele leer hebben overgebracht. Ook al is ze niet compleet, toch laat deze portrettengalerij je kennismaken met een verrassend gevarieerd gezelschap; elk van deze meesters belichaamt op zijn eigen wijze eenzelfde levensfilosofie en een specifieke wijsheid. En het leven van deze meesters is op zich al een vorm van onderricht: als je wilt doen als een zenmeester, moet je eerst de meesters in actie bestuderen. Want zen is allereerst een leer die meer hecht aan daden dan aan woorden. *Wasser predigen und wein trinken*, luidt een Duits spreekwoord dat waarschuwt voor lieden die water prediken en dan zelf wijn drinken.

Elk van deze portretten gaat gepaard met een bespiegeling over een van de basiswaarden van het zenboeddhisme die de betreffende zenmeester bijzonder na aan het hart lag en met een aantal praktische oefeningen die deze basiswaarde toepasbaar maken in het dagelijks leven van nu.

Een andere waardevolle bron om van zen te proeven zijn de talrijke verhalen en dialogen tussen meesters en leerlingen die vaak even diepgaande als simpele lessen bevatten en niet ontbloot zijn van humor. Ze geven dit boek glans en bieden wat spirituele ontspanning.

Tot slot heb ik me gepermitteerd om hier en daar een anekdote toe te voegen over mijn persoonlijke ervaringen die (en dat zeg ik met nadruk) niet heel speciaal zijn. Zen geeft iedereen de kans om zijn persoonlijke spirituele pad te ontdekken en te volgen, zonder iemand na te doen, zelfs niet Boeddha zelf aan wie we de volgende waarschuwing danken: *'Geloof niet wat ik je zeg, maar vertrouw op je eigen ervaring.'* Dit is heel treffend samengevat door Kōdō Sawaki,[2] een van de grootste Japanse meesters uit de twintigste eeuw: *'Het pad volgen is als een stuur vasthouden. Het komt niet doordat je een vriend nadoet dat je goed kunt rijden.'*

Deze verhaaltjes dienen alleen ter illustratie van de omzwervingen van een leerling op weg naar verlichting. De heel prozaïsche inhoud dient om ons te herin-

---

[2] Zie portret op blz. 171.

neren aan de nederigheid waarmee elke spirituele ontwikkeling gepaard moet gaan en die niet mag verdwijnen zodra je de kerk, de tempel of de dojo* uit gaat. Progressie maken we stap voor stap in het leven van alledag, meestal (en dat is heel goed) zonder dat we ons ervan bewust zijn, op het eenvoudige pad dat Boeddha voor ons heeft uitgestippeld: het goede doen en kwaad doen vermijden.

'De lessen zijn eenvoudig en direct: wil je weten wat een watermeloen is, neem dan een watermeloen en een mes, snijd een plak af en neem een hap. Bam! Dat is je ervaring!

Deze ervaring zul je niet krijgen met woorden, discussies of studie. Je kunt honderd boeken lezen over watermeloenen of honderd lezingen bijwonen, maar niets leert je wat je leert als je je tanden in een stuk watermeloen zet. [...]

Je hebt geen woorden of verhandelingen nodig om te weten wat een watermeloen is. Zelfs een kind kan het. Dat is de manier waarop zen ons onderwijst.'

Seung Sahn

Wat is zen?

Het woord *zen* is de Japanse verbastering van het Chinese woord *tch'an**, dat op zijn beurt weer de fonetische transcriptie is van het Sanskriet *dhyana*. De term laat zich vertalen als 'meditatie', al dekt dat niet de hele lading als we meditatie zien als een 'nadenken om een onderwerp uit te diepen, een plan te laten rijpen'. In het zenboeddhisme mediteren we niet over iets, maar over niets. De rinzai-school staat de introductie van de koan* alleen toe als hulp bij meditatie. Jacques Brosse, auteur van diverse naslagwerken over zen,[3] beschrijft *'een intieme spirituele ervaring, die je echter voelt in je lichaam en die lichaam en geest weer met elkaar verbindt'.* De term 'gebed' past hier ook niet, want wie *zazen* (*za* = zitten) beoefent zoekt geen enkel voordeel bij welke goddelijke of sterfelijke entiteit dan ook. We komen wellicht het dichtst in de buurt met 'contemplatie' in de zin die Plotinus* aan dat woord geeft: *'onuitsprekelijk en onbegrijpelijk contact, voorafgaand aan de gedachte'.* Maar de christelijke connotatie van de term neigt toch een beetje naar 'begrip'. Eigenlijk is elke poging om

---

[3] *Les Maîtres zen* & *L'Univers du zen*, Albin Michel.

zazen met woorden te omschrijven tot mislukken gedoemd.

Historisch en geografisch gezien is zen een van de scholen van het *mahāyānna**-boeddhisme (het Grote Voertuig[4] voor de volgelingen). Ontstaan in India en in de zesde eeuw naar China gekomen, deed de school in de dertiende eeuw haar intrede in Japan. Op dezelfde manier heeft het boeddhisme zich ook verbreid in Zuidoost-Azië (Vietnam, Laos, Myanmar, Thailand enzovoort) waar het zich ontwikkelde tot de *hinayana** (het Kleine Voertuig of *théravāda**). In de Himalaya verspreidde een derde voertuig, dat van de diamant (*vajrayana** of het Tibetaanse boeddhisme), zich tot in Mongolië. Omdat het boeddhisme een religie zonder god en zonder dogma is, heeft het zich tijdens zijn reis dwars door Azië eenvoudig kunnen vermengen met lokale culturen en religies door er bepaalde overeenkomstige kenmerken van op te nemen. Het is één en veel tegelijk geworden. Zo vinden we in het zenboeddhisme zowel elementen van de Chinese cultuur, zoals het taoïsme* of het confucianisme*, als specifiek Japanse kenmerken die voortkomen uit het shintoïsme, de oorspronkelijke Japanse aanbidding van natuurgeesten.

Maar wat zen kenmerkt is, nog steeds volgens Jacques Brosse, '*het absolute primaat dat wordt gegeven aan de ontdekking van de eigen natuur (van de beoefenaar), het*

---

4 Met voertuig doelen boeddhisten op een middel om tot verlichting te komen.

geringe belang dat wordt gehecht aan riten en de afwijzing van elke intellectuele benadering. Deze vrijwillige eenvoud onderscheidt zen van alle andere scholen.'[5] Zen grijpt dus terug op de bronnen van het boeddhisme en zazen herhaalt slechts tot in het oneindige de meditatie van Siddhartha Gautama* onder de *bodhi**-boom, de meditatie die hem verlichting bracht in het India van ruim 2500 jaar geleden en waardoor hij Boeddha werd, letterlijk 'de Verlichte'.

In het hedendaagse Japan vinden we zen nog in de vorm van zijn drie scholen (*sōtō**, rinzai en *obaku**), zij het dat het slechts een kleine stroming is binnen het Japanse boeddhisme. In Azië komt zen verder nog voor in Korea (*son*) en Vietnam (*thien*) terwijl tch'an, het oorspronkelijke Chinese zen, praktisch is verdwenen in het Rijk van het Midden. Maar het bijzondere van zen is dat het zich in de jaren zestig ook in het Westen heeft verbreid, onder de aandacht gebracht door beroemde intellectuelen zoals Dürckheim*, Herrigel* en D.T. Suzuki* en charismatische meesters zoals Shunru Suzuki, die als immigrant in de Verenigde Staten in 1969 het Zen Center in San Francisco opende, Taisen Deshimaru die zich in 1967 in Frankrijk vestigde en medeoprichter was van de Internationale Zen Associatie (IZA), of Thich Nhat Hanh, de in 2022 overleden Vietnamese monnik die bijna veertig jaar geleden de boeddhistische gemeen-

---

5 Jacques Brosse, *Les Maîtres zen*, Albin Michel.

schap Plum Village in de Gironde stichtte. Zoals we zullen zien verschilt de westerse versie van zen sterk van de zeer geïnstitutionaliseerde vorm die tegenwoordig in Japan overheerst.

Maar dat zijn alleen maar woorden. Seung Sahn, de Koreaanse meester van wie het motto van dit hoofdstuk afkomstig is, legt het met de nodige humor als volgt uit: *'Om te weten wat een watermeloen (of zen) is, heb je woorden noch redevoeringen nodig.'* In elk geval weet je nu waar de zenwatermeloen vandaan komt, waar zijn bakermat ligt, in welke klimaten hij goed gedijde, welke gebieden hij heeft veroverd door stukje bij beetje zijn ranken uit te breiden, zelfs over zeeën heen, de naam van een aantal meesterhoveniers die hem in het zweet huns aanschijns hebben gedomesticeerd en opgekweekt, waarbij sommige hem de vrije teugel lieten en andere hem liever snoeiden en strak in vorm hielden. En het zal geen verrassing zijn dat met de onvermijdelijke modernisering van teeltmethoden er door nieuwe kruisingen allerlei soorten zijn ontstaan. Want sommigen waren er zeker van dat ze een prijswinnende watermeloen konden oogsten door het beste van de verschillende boeddhistische tradities te mengen (bijvoorbeeld een beetje zen, een beetje Tibetaans boeddhisme en een vleugje théravāda). Anderen zweren tegenwoordig bij hydrocultuur waardoor ze in sneltreinvaart perfect gevormde watermeloenen krijgen, zonder pitjes en gemakkelijk te vervoeren (een wat provocerende verwijzing naar mindfulness*).

Dat neemt niet weg dat je de zenvrucht alleen echt kunt proeven door erin te bijten en bovendien alleen dan beseft dat die smaak varieert van dag tot dag, van meditatie tot meditatie, soms zoet, soms bitter. Want zen is noch een filosofie die je kunt bestuderen, noch een geloof dat je moet aanhangen en nog minder een methode voor persoonlijke ontwikkeling. Volgens Luc Boussard is het een *'instrument voor zelfverwezenlijking van de mens dat van generatie op generatie is doorgegeven, van Shakyamuni* tot ons'.*[6] Het is vooral een zijnswijze die geen doel wil dienen en niet is gericht op profijt (*mushotoku* in het Japans), een op zijn minst iconoclastische claim in onze huidige maatschappij. Voor Eric Rommeluère, een boeddhistisch leermeester uit de zentraditie, *'dient meditatie niet meer om mentale vermogens te kweken of te ontwikkelen, om je te trainen of progressie te maken, maar om elke intentie, elke techniek en elke inspanning los te laten'.*[7]

Dus als je wilt weten wat zen is, raad ik je oprecht aan om dit boek dicht te slaan (je hebt het immers toch al gekocht of geleend van een vriend die het goed met je meent, dus mijn uitgever zal me dit vergeven) en naar de dichtstbijzijnde dojo te gaan voor een introductie in *shikantaza**, de beoefening van zazen, dat wil zeggen zitten zonder iets te doen. Makkie, zul je zeggen! Voor

---

6 *Pèlerinage chez les maîtres éminents*, éditions Sully.

7 Eric Rommeluère, *S'asseoir tout simplement : l'art de la méditation zen*, éditions du Seuil.

een kat, zeker. Voor een mens wordt dat na de eerste vijf minuten al aardig lastig. '*Mediteren doet pijn*', is de luchtige constatering die de Nederlandse Janwillem van de Wetering al in het tweede hoofdstuk doet van een heerlijk boekje[8] waarin hij humoristisch verslag doet van de achttien maanden die hij in de jaren zestig doorbracht in een zenklooster.

Dōgen Zenji, de grondlegger van de sōtō-zenschool, beschrijft in de *Fukanzazengi** (1243) heel precies de houding voor zazen:

> *'Ga zitten in een lotus- of halvelotushouding. [...] Leg je rechterhand op je linkervoet en je linkerhand op je rechtervoet, zodat de toppen van je duimen elkaar licht aanraken. Houd je handen in deze houding dicht bij je lichaam, met de toppen van je duimen op navelhoogte. Maak je lichaam lang en ga goed rechtop zitten. Hel niet over naar rechts, niet naar links, niet naar voren, niet naar achteren. Je oren moeten zich boven je schouders bevinden, je neus op één lijn met je navel. Je tong ligt tegen je verhemelte en je ademt door je neus. Houd je lippen en je tanden op elkaar, je ogen niet te wijd open, maar ook niet samengeknepen. Nadat je op die manier je lichaam en geest hebt voorbereid, adem je diep in en langzaam weer uit ...'*

---

8 *De lege spiegel*, Asoka.

Maar wat gebeurt er daarna? Nou, als je helemaal onbeweeglijk en stil bent, merk je dat je geest nog steeds alle kanten op gaat, ook al verroer je geen vin. Je wordt je bewust van de innerlijke dialoog die voortdurend in je hoofd gaande is, maar die je doorgaans niet eens hoort, zozeer word je in beslag genomen door de hectiek van het dagelijks leven. Je ontdekt '*een innerlijk stemmetje dat nooit zwijgt, vaak praat zonder iets te zeggen, onvermoeibaar dezelfde onderwerpen en dezelfde uitdrukkingen herhaalt en het merendeel van de tijd ronddraait in kringetjes*'.[9] En je kunt dat stemmetje niet tot zwijgen brengen, tenzij het je lukt eraan te denken dat je niet moet denken zonder te denken. Bij zazen doe je niets anders dan deze gedachten voorbij laten zweven als wolken in de lucht, zonder ze af te wijzen, maar ook zonder ze vast te houden. Zo verdwijnen ze stukje bij beetje, waarna je een helderdere kijk kunt krijgen op je innerlijk en geleidelijk voeling krijgt met wie je ten diepste bent. De zoektocht naar deze oorspronkelijke aard, onze aard als boeddha, dat is waar zen om draait. Het gaat erom een ik terug te vinden dat is ontdaan van de maatschappelijke normen en waarden die dat ik verhullen, van dat valse ik dat '*een manier is om je te handhaven in de wereld zodat je erkend en geaccepteerd wordt. Samengesteld uit opvoeding, angsten en*

---

9 Laia Montserrat, *Un cerisier sur le balcon, pratiquer le zen en ville*, Jouvence Éditions.

projecties is het een kunstmatig ik.'[10] Die natuurlijke aard kun je nog zien bij heel jonge kinderen die nog niet zijn onderworpen aan enculturatie,[11] een mechanisme waardoor we kunnen socialiseren. Met een schaterlach kan een peuter met beide voeten tegelijk in een plas springen. Hij geniet ervan dat hij het water doet opspatten. Maar zijn vader en moeder zullen hem meestal inprenten dat hij dat niet moet doen omdat hij er vies van wordt, andere mensen stoort, zich niet gedraagt zoals een grote jongen zich hoort te gedragen enzovoort. In het begin kent hij alleen plezierige en onplezierige ervaringen. En dan wordt hem geleerd dat er goed en kwaad bestaat. Doordat hem dingen worden verboden, hem al dan niet weloverwogen adviezen en opdrachten worden gegeven, zal het kind zich op veel gebieden stukje bij beetje gaan gedragen zoals hem wordt opgedragen uit angst dat zijn ouders niet van hem zullen houden, dat hij niet wordt geaccepteerd door zijn leeftijdsgenoten, geen erkenning vindt in zijn omgeving. Hij construeert een sociale persoonlijkheid die nodig is om te kunnen overleven, maar die zijn meest wezenlijke aard verhult.

---

10 Ibid.

11 Een term die is geïntroduceerd door de Amerikaanse antropologe Margaret Mead om het proces te beschrijven waaraan een groep een kind vanaf de geboorte onderwerpt, wat betreft gezamenlijke culturele facetten, normen en waarden.

Natuurlijk gaat de terugkeer naar het vrije wezen dat we waren als kind niet in een handomdraai en ook niet met één à twee keer mediteren. Ik wil je niet ontmoedigen, maar volgens mij duurt het minstens even lang om je te ontdoen van dat kunstmatige zelf als je nodig hebt gehad om het op te bouwen. En meestal lukt het ons alleen om een paar bijkomstigheden los te laten, waardoor de ontdekking van onze innerlijke boeddha verder wordt uitgesteld. Op boeddhistische apps lijkt alles heel simpel en snel te doen. Maar het beoefenen van zazen kost veel tijd. Om die reden doe je het ook in een groep in een dojo, waar iedereen een ander kan helpen als die het even moeilijk heeft. Zazen beoefen je onder de hoede van iemand met ervaring, al was het alleen maar om te voorkomen dat je op fysiek dan wel mentaal gebied verkeerde gewoonten aanneemt. Want er staat je een beklimming te wachten en het is verstandiger om je op de ontdekking van jezelf te storten onder begeleiding van een ervaren gids die al een deel van de weg en de valstrikken die je onderweg kunt tegenkomen heeft verkend.

Maar om weer terug te keren naar het sappige thema van de zenwatermeloen, hier kun je proeven van een fruitige analogie die we danken aan de Amerikaan Peter Levitt*:

> *'Watermeloenen en zenstudenten*
> *groeien op precies dezelfde manier:*

ze blijven heel lang op dezelfde plek
tot ze mooi rijp zijn
en heel sappig vanbinnen.
Maar als je erop klopt, op de schil of op het hoofd,
klinkt het hol alsof er vanbinnen niets zit.'

Hé, wat naai je daar? (1)

Ik werkte als freelancefotograaf in Zwitserland toen ik voor het eerst in contact kwam met zen. Op een avond betrapte ik een bevriende collega die zat te naaien aan wat ik aanvankelijk voor een jurk hield. Ik kende hem goed en het verbaasde me dat hij deze onverwachte hobby had. Hij legde me echter uit dat hij een *kesa** naaide, de traditionele dracht van zenmonniken. *'Aha, je doet aan zen. Dat wist ik niet,'* zei ik verbluft. *'Eh, en wat is zen eigenlijk?' 'Nou, waarom ga je niet een keer mee naar de dojo in Lausanne, dan zal ik het je voordoen,'* antwoordde hij. *'Wat? Om halfzes 's morgens opstaan om tegenover een muur te gaan zitten? Ben je gek? Nee, kun je me niet gewoon vertellen wat het inhoudt?'*

Nou, ik kon aandringen wat ik wilde die avond en vele malen daarna, maar hij wilde me nooit uitleggen wat zen was. En daar ben ik hem nu dankbaar voor. Want als hij dat wel had gedaan, weet ik zeker dat ik het woord een etiketje had opgeplakt en had opgeborgen in een laatje in mijn brein om het daar vervolgens te vergeten.

En zo kwam het dat mijn voeten me een paar jaar later, toen ik het een tijd moeilijk had na de dood van mijn vader, onbewust, heel natuurlijk en als vanzelf naar de dojo in Lausanne voerden om te ontdekken wat zen was.

'[...] een hen die met haar snavel op de schaal van een ei tikt, terwijl het kuiken binnen in het ei hetzelfde doet, beschrijft goed de relatie tussen een meester en een leerling. Beiden tikken met hun snavel om te proberen de schaal kwijt te raken. Dat beeld weerspiegelt heel treffend de manier waarop de meester en de leerling allebei aan het werk zijn. Ze proberen ieder op hun eigen manier zich te bevrijden van de barrières die hen scheiden van wijsheid.'

Enkyo Pat O'Hara*

Wat is een meester?

In het zenboeddhisme verwijst de term 'meester' rechtstreeks naar de Japanse term *sensei* die weer is overgenomen uit het Chinees, waar hij letterlijk 'eerstgeborene' betekende. In Japan verwijst deze veelgebruikte eretitel naar iedereen die beschikt over een technische vaardigheid of vakkennis die hij dus aan anderen kan leren. Op Japanse scholen spreken leerlingen hun docent nog altijd met sensei aan. Maar ook een meester-pottenbakker, een metselaar die een traditionele muur kan optrekken van droge steen, een ikebana-lerares, een kunstschilder, een dichter of een gerenommeerd cineast wordt in het Land van de Rijzende Zon sensei genoemd. De traditie bestaat ook in het Westen, zoals in de vrijmetselarij, dat tot op de dag van vandaag meesters opleidt en deze term hanteert.

De titel 'meester' kan in het zenboeddhisme alleen rechtstreeks door een meester worden verleend aan zijn leerling, volgens bepaalde principes die zijn geformuleerd door de stichter Bodhidharma: de overdracht vindt niet plaats door middel van geschriften (er is geen meesterdiploma in de strikte zin van het woord), berust niet op concepten of woorden (ze verloopt in stilte) en richt zich direct op het hart van de persoon om hem te laten nadenken over zijn eigen aard, zodat hij zijn boeddhanatuur kan verwezenlijken. Deze stille overdracht is geënt op de overdracht van het meesterschap tussen Boeddha Shakyamuni en Kashyapa, een van zijn eerste leerlingen.

Volgens de overlevering begaf Shakyamuni, de 'Verlichte', zich aan het eind van zijn pad op aarde naar de Gierenspits. Die dag gaf hij geen lessen, maar bleef lang zwijgen voor hij een bloem pakte waarvan hij de steel langzaam ronddraaide met een glimlach om zijn lippen. Onder zijn verbijsterde leerlingen was Kashyapa de enige die de glimlach van zijn meester met een glimlach beantwoordde. Daarop verbrak de Boeddha zijn stilzwijgen en zei: *'Ik heb in mijn bezit het Oog van de Schat van de Ware Wet (dharma*), de onzegbare en subtiele weg naar het nirwana* die de deur opent van de visie zonder vorm en noch afhangt van geschriften, noch van woorden en wordt overgedragen buiten elke leer om. Die schat draag ik over aan de grote Kashyapa (die nu Mahakashyapa is).'*[12] Kōdō Sawaki vat in *Le Chant de l'éveil (Het lied van ontwaken)* dit essentiële onderwerp van de stilzwijgende overdracht heel goed samen: *'De directe overdracht is de ontmoeting tussen twee individuen, meester en leerling, die dezelfde visie hebben en niet door enige schaduw gescheiden worden. [...] Een zenmonnik die de weg onderwijst moet zijn als een doofstomme. [...] In werkelijkheid*

[12] Jacques Brosse, *L'Univers du zen*, Albin Michel.

vindt de overdracht van een zenmonnik plaats buiten woorden om.'[13] Elke meester is eerst de leerling van een meester geweest, die na kortere of langere tijd heeft erkend dat hij zijn gelijke is geworden en hem toestemming heeft gegeven om op zijn beurt de dharma te onderwijzen. Want je leert mediteren zoals je leert lezen of schrijven van een onderwijzer die geen intellectuele kennis doorgeeft, maar de langgerijpte vruchten van zijn eigen spirituele weg. *'De wet onderwijzen is vertellen wat je persoonlijk hebt ervaren,'* zo vat Kōdō Sawaki het samen. En als de vruchten die de meester je aanreikt je niet of niet meer bevallen, staat het je vrij om te veranderen van meester ... of van vrucht.

Natuurlijk heeft het boeddhisme, net als alle spirituele stromingen, de nodige lieden gekend die zichzelf uitriepen tot meester of zelfs grootmeester omdat ze op een ochtend gegrepen werden door het gevoel boven hun kussen te zweven. Die neiging om de enige, om uniek te willen zijn binnen een spirituele stroming waarin iedereen zijn best zou moeten doen om zijn ego tot zwijgen te brengen, is nogal vreemd. Maar zoals Albert Low heel terecht opmerkte: *'Het goede nieuws is dat we boeddha zijn. Het slechte dat alle wezens boeddha zijn. Wij mensen lijden aan de kwaal dat we uniek en uitzonderlijk willen zijn.'*[14]

---

13 Kōdō Sawaki, *Le Chant de l'éveil, le Shōdōka commenté par un maître zen*, Spiritualités vivantes, Albin Michel.

14 *Dans la forge du maître Hakuin*, Mediaspaul.

Hier knelt de schoen bij al die zelfverklaarde meesters: in het boeddhisme in het algemeen en zen in het bijzonder kan niemand zichzelf bekwaam verklaren. Maar de *ishin-denshin*-overdracht (letterlijk 'van mijn ziel naar jouw ziel') werkt niet altijd op dezelfde poëtische manier als tussen Boeddha en Mahakashyapa. De overdracht tussen de vijfde Chinese patriarch Hung-jen* en zijn opvolger Hui-neng* was echt ongelooflijk. Op een mooie ochtend in de zevende eeuw n.C. vroeg Hung-jen, die graag een opvolger wilde vinden, aan al zijn leerlingen om een kort gedicht te maken waarin ze weergaven wat de dharma voor hen betekende. Maar ze onttrokken zich allemaal aan de opdracht en lieten de eer aan hun nestor Chên-siou. Het gedicht dat deze op de muur van de grote tempelzaal schreef luidde als volgt:

'Dit lichaam is de boom van verlichting.
De geest is als een glanzende spiegel.
Zorg dat je die spiegel onophoudelijk poetst
zodat er geen stof op kan neerdalen.'

De volgende ochtend ontdekten de monniken naast het gedicht van Chên-siou, dat ze allemaal hadden geprezen, een tweede gedicht dat 's nachts was opgeschreven door een onbekende, eenvoudige leerling-kok:

'In het begin was er geen boom van verlichting
Noch een glanzende spiegel
De boeddhanatuur is per definitie leeg
dus waar zou het stof op moeten neerdalen?'

De volgende nacht riep Hung-jen de bediende in kwestie, Hui-neng, heimelijk bij zich om hem de kesa van de overdracht te geven. Maar niet zonder hem te waarschuwen: *'Sinds de oudste tijden hangt elke keer dat de dharma aldus wordt doorgegeven het leven van de monnik die de nieuwe patriarch wordt aan een zijden draadje! Als je hier blijft, zijn je dagen geteld. Je moet onmiddellijk vertrekken.'* Hui-neng liet zich dat geen twee keer zeggen en dook vijftien jaar onder in de bossen voor hij weer verscheen als zesde patriarch.

Dit verhaal wordt vaak als voorbeeld verteld door zenonderwijzers tijdens hun *kusens**: de persoon die de overdracht ontvangt is zelden een groot geletterde die uitblinkt door zijn grondige kennis van de soetra's. Het zijn vaak eenvoudige en naïeve lieden als Hui-neng, soms totale analfabeten, die daardoor echter juist ver verwijderd zijn van voorgekookte ideeën, een intellectuele hokjesgeest en vooroordelen die allemaal remmend werken op de weg naar innerlijke verlichting. Meester Dōgen doet in de *Shōbōgenzō Zuimonki* zelfs denken aan de figuur Cudapanthaka (Shurihandoku in Japan), een geestelijk gehandicapt straatkind dat verlicht werd toen het op verzoek van Boeddha gewoon stof wegveegde.

Soms neemt de overdracht de vorm aan van een regelrecht vuistgevecht. Lin Tsi* werd drie keer geslagen door Houang-Po* voor die laatste hem een klinkende oorvijg gaf waarmee hij hem aannam als leerling. En toen Lin-Tsi na twintig jaar trouwe dienst zijn meester verliet om zijn eigen klooster te stichten, zoals de traditie het wilde, namen ze wederom met de nodige klappen en oorvijgen, maar lachend afscheid van elkaar. Tegenwoordig vinden we dit soort handtastelijkheden wellicht schokkend, omdat we terecht van mening zijn dat elke vorm van geweld absoluut niet thuishoort in welke vorm van onderwijs ook. We mogen onze huidige morele waarden echter niet toepassen op zeden en een cultuur die totaal anders zijn en bovendien dateren van eeuwen geleden. En dat geldt des te meer omdat het strenge zenonderricht nooit zonder slag of stoot gaat, zoals je zult zien in de volgende hoofdstukken. De hedendaagse zenmeester Soko Morinaga legt dit heel goed uit in een boek waarin hij openhartig en met gevoel voor humor terugkijkt op zijn pad als leerling: *'Een meester zal zo streng zijn, maar bidt tegelijkertijd uit de grond van zijn hart dat de leerling de beproeving zal doorstaan.'*[15] Soms weigert de meester botweg om zijn meesterschap over te dragen. Dat was het geval bij Ikkyū,[16] een van de meest iconische en populaire figuren uit de Japanse zen. Geconfronteerd

15 *Face à mon incommensurable stupidité,* Le Courrier du Livre.

16 Portret blz. 91.

met de middelmatigheid van zijn leerlingen verklaarde hij: *'Na mijn dood zal een aantal van jullie in de bergen of onder de bomen gaan wonen. Anderen zullen taveernen en huizen van plezier gaan bezoeken. Maar als enkelen van jullie van plan zijn zen en de Weg te gaan prediken, menend dat ze de mensen wijzer maken, zijn zij oplichters van de dharma [...]. Waarschuw dan het wettelijk gezag zodat ze meteen bestraft worden.'*

We leven niet meer in het China van de zevende eeuw en de overdracht van het meesterschap op een leerling is tegenwoordig veel minder bewogen, zowel in Japan als in Europa. Toch wordt de fakkel nog steeds persoonlijk overgedragen van meester op leerling, zonder woorden, maar gesymboliseerd door de leerling een ritueel voorwerp te overhandigen: de kesa, een kom of een meditatiekussen. Met de eerder gebruikte term patriarch worden in de zen de opvolgers van Boeddha Shakyamuni aangeduid, die naar verluidt de dharma zonder onderbreking aan elkaar hebben doorgegeven. Zevenentwintig Indiase patriarchen na Mahakashyapa, gevolgd door zes Chinese patriarchen tot aan keukenhulp Hui-neng. Hoewel de meeste lijnen natuurlijk op een dag zijn geëindigd bij gebrek aan een opvolger, maakt de zen aanspraak op een ononderbroken lijn vanaf de historische Boeddha. Als een zenbeoefenaar de geboden krijgt, als hij tot monnik wordt gewijd en vervolgens het meesterschap krijgt overgedragen, erft hij om die reden een *ketsumiaki* ('bloedband'). Dit is een document waarin hij zelf een voor een de namen van alle patriarchen in de lijn noteert, van Shakyamuni tot aan hemzelf, om daarmee de bloedband te bevestigen die hem via zijn meester over een spanne van 2500 jaar rechtstreeks verbindt met Boeddha. Ze spreken van een bloedband omdat men traditioneel zijn naam met het eigen bloed op de ketsumiaki schreef.

Deze band is essentieel voor de zen: een leerling zonder meester is een 'dolende ziel' of een 'golf-mens', de letterlijke vertaling van de term *ronin* waarmee in het middeleeuwse Japan de privésamoerai van edellieden werd bedoeld.

In de winter glijd je vaak uit

Toen ik mijn eerste schreden in de dojo van Lausanne zette, was ik heel lang terughoudend wat betreft de zeldzame rituelen die destijds gebruikelijk waren (sindsdien zijn er veel meer bijgekomen). Opgegroeid in een gezin van echte atheïsten voelde ik me niet erg op mijn gemak bij religie in het algemeen en bij wat ik voor exotische onzin hield. Ik vond het prima om één of twee keer per week op een kussen tegenover een muur te gaan zitten, maar het ging me te ver een kimono aan te trekken of soetra's uit mijn hoofd te leren. Aan de andere kant stelde het me direct gerust dat niemand me opbelde om me tot de orde te roepen wanneer ik één of twee weken op rij niet naar zazen ging. Oef, ik was niet in een sekte beland ...

Toch ben ik op een mooie ochtend in december naar de monnik gegaan die de zazen onderwees. Ik wilde hem uitleggen dat ik nogal vaak van mijn kussen gleed tijdens de meditatie. Daarop keek hij met een glimlach naar mijn prachtige satijnen joggingbroek en zei: 'Ja, het klopt dat je vaak uitglijdt in de winter.' Ik heb de volgende dag meteen een kimono gekocht en koester hem tot op de dag van vandaag.

Bodhidharma
DE STICHTER

Keizer Wu van de Liangdynastie vroeg aan Bodhidharma:

'Sinds ik op de troon zit heb ik vele tempels gebouwd, veel heilige teksten gekopieerd, veel monniken geholpen; wat is mijn verdienste volgens u?'

'Geen enkele verdienste.'

'Waarom niet?'

'Dat zijn slechts ondergeschikte handelingen waardoor de desbetreffende persoon herboren kan worden in de hemel of op deze aarde. Ze dragen nog het stempel van de wereld en zijn als schaduwen die de dingen volgen. Een verdienstelijke daad is vervuld van pure wijsheid, perfect en mysterieus, de ware aard ervan is niet te bevatten voor de menselijke geest.'

'Maar wat is dan het belangrijkste principe van de heilige leer?'

'Niets kan heilig worden genoemd in het principe dat per definitie groot en leeg is.'

'Wie is het dan die ik voor me heb?'

'Dat weet ik niet.'

Ontleend aan Jacques Brosse, *Les Maîtres zen*

In het jaar 527 n.C. ging in de haven van Kanton in China een heilige en hoogst mythische figuur aan land. Met zijn lengte van bijna twee meter bleef deze honderdjarige, ruige en bebaarde monnik, die met blauwe ogen onder borstelige wenkbrauwen om zich heen keek, beslist niet onopgemerkt. Voor enkele zenkenners heeft Bodhidharma wel degelijk echt bestaan. Ze weten zijn aankomst in China zelfs precies te dateren op 21 september van het genoemde jaar 527. De *Verhandeling van Bodhidharma* van Tan-lin, een van zijn toekomstige volgelingen, zal hem later afschilderen als *'de derde zoon van de grote brahmaanse koning van Zuid-India'* die *'gekweld door de decadentie in de leer van Boeddha in verre oorden besloot bergen en zeeën over te steken om te gaan prediken in de streken Han en Wei (China)'*. Er gaan echter veel verschillende verhalen over de herkomst van deze figuur en zelfs over de vraag of hij ook echt heeft bestaan. Waar sommigen Bodhidharma een Perzische afkomst toedichten, zien anderen hem als een fictieve figuur, die kenmerken vertoont van diverse grote meesters die daadwerkelijk hebben bestaan. Toch is dat niet waar het om draait: historisch, legendarisch of gewoon symbolisch, het personage Bodhidharma wordt gezien als de stichter van de leer. Met deze 28ste patriarch sinds Boeddha Shakyamuni, tevens de eerste

Chinese patriarch, begint de officiële geschiedenis van het tch'an waaruit het zenboeddhisme is voortgekomen.

Zodra hij in China was aangekomen begaf Bodhidharma zich naar Nankin op uitnodiging van keizer Wu-Hi, een vurig boeddhist. De laatste had, in hetzelfde jaar dat de monnik aankwam in Kanton, drie maanden lang afstand gedaan van de troon om zich in een klooster terug te trekken. Naar verluidt liet deze Wu-Hi, die zo vurig gekant was tegen geweld dat hij de doodstraf verbood evenals de consumptie van vlees aan het keizerlijk hof, tijdens zijn heerschappij meer dan 13.000 boeddhistische kloosters bouwen. Het is dan ook niet zo vreemd dat hij in het befaamde gesprek met Bodhidharma dat hierboven is weergegeven, een beetje onhandig opschept over zijn verrichtingen. Dat kwam hem duur te staan, want 'de barbaar met de lichte ogen' zoals de Chinezen Bodhidharma waren gaan noemen, zette hem streng op zijn plaats vanuit de twee basisprincipes van de tch'an: een verdienstelijke handeling, zoals het praktiseren van de weg, kan alleen maar *mushotoku* (Japans voor 'zonder doel en zonder winstoogmerk') zijn en niets is heilig, want tegelijk is alles heilig (het afwijzen van elke dualistische gedachte).

'De keizer had kunnen vermoeden dat onder een dergelijke botheid van zo'n heilige man iets schuilging wat het waard was nader te bestuderen, maar hij wees hem domweg de deur en verzonk in verbijsterde somberheid,' schrijft Nicolas Bouvier* geamuseerd in zijn *Chroniques japo-*

naises. Daarop achtte Bodhidharma het verstandiger om maar te vertrekken, aangezien de vreedzame aard van de keizer mogelijk zijn grenzen kende ... Hij trok naar het noorden, stak de rivier de Yangtze over (volgens de legende op een vijfbladige rietstengel) en bereikte het rijk van de Wei. Hij begaf zich naar het klooster van Shaolin, dat hem aanvankelijk de toegang ontzegde. Daarop trok hij zich terug in een grot waar hij negen jaar verbleef en mediteerde tegenover een wand. Men zegt dat hij zo geconcentreerd was dat hij mieren kon horen zingen en de afdruk van zijn gezicht in de rots achterliet.

Natuurlijk hoort dat alles tot de mythen rondom de stichting van de zen. Toch illustreert het goed het gegeven dat Bodhidharma en de eerste volgelingen van de tch'an stuitten op scepsis, op grote weerstand zelfs, toen ze probeerden hun lessen te introduceren in China, waar het boeddhisme al voet aan de grond had gekregen vanaf de eerste eeuw n.C. De tch'an leerde dat de mensen niet alleen moesten teruggrijpen op de boeddhistische teksten als leidraad op de weg naar verlichting, maar dat die alleen bereikt kon worden door lange tijd en volhardend te mediteren. Daarmee zette deze leer vraagtekens bij de fundamenten van een geloof dat vanuit India was overgewaaid naar China via bundels met soetra's die in de loop der eeuwen vol vroom aanbeden afgoden nauwgezet waren gekopieerd. Ook het feit dat Bodhidharma monnik was moet storend zijn geweest voor zijn Chinese gesprekspartners, die doordrenkt waren met het confucianisme. Voor hen was een man die niet werkte en geen gezin stichtte in feite asociaal. Tot slot was contemplatie in die tijd onbekend in China, al zouden een paar taoïstische ademhalingsoefeningen daar enigszins voor kunnen doorgaan.

Misschien zou Bodhidharma nog steeds zitten te mediteren voor zijn muur als een zekere Seng-k'o hem niet op een mooie winterdag vanuit de ingang van zijn grot had toegeroepen dat hij zijn leerling wilde worden. Daarop zei Bodhidharma niet alleen geen woord, maar hij deed ook of hij de man niet zag. Pas na lang wachten richtte hij enkele niet erg bemoedigende woorden tot hem: *'De onvergelijkbare leer valt pas te begrijpen nadat men zich langdurig een zware discipline heeft opgelegd, heeft verdragen wat het moeilijkst te verdragen is, heeft beoefend wat het moeilijkst te beoefenen is.'*[17] Maar Seng-k'o, die naarmate de dagen verstreken tot aan zijn middel ingesneeuwd raakte, gaf de moed niet op na dit niet erg vrolijke programma, sneed een van zijn armen af en bood de man die hij had gekozen als meester het bebloede lichaamsdeel aan. Laat je echter niet afschrikken door het bloederige karakter van dit verhaal, dat vooral symbolisch begrepen moet worden. Het zijn zijn vroegere kennis en denkwijzen die Seng-k'o wil afhakken om plaats te maken voor de leer van Bodhidharma. Maar

---

[17] Jacques Brosse, *Les Maîtres zen.*

afgezien daarvan is dit verhaal een voorbode van de houding die de meeste zenmeesters uit het verleden zouden aannemen. Niet alleen wezen ze elke drang tot bekeren af, maar ze aarzelden ook niet om de motivatie van hun toekomstige leerlingen op de proef te stellen, hen zelfs te ontmoedigen. Zen is de totale tegenpool van scientology: er wordt je niets beloofd, behalve een lange en moeizame weg naar een onwaarschijnlijk doel.

Overigens, als je ooit het malle idee krijgt om drie maanden (het absolute minimum) te gaan mediteren in een zentempel in Japan, hoef je niet een van je armen af te hakken. Wel zul je eindeloos geduld moeten hebben voor je er binnen mag gaan. Net als Seng-k'o zul je urenlang voor de tempelpoort moeten wachten, nadat je drie keer hebt aangeklopt, tot men zich verwaardigt de poort voor je te openen. Dan zal men je naar de *tangaryo* brengen, een ruimte waarin je gedurende drie tot zeven dagen helemaal alleen zult verblijven, met alleen een *zafu** en een soetraboek: in die tijd wordt je vastberadenheid getest. Als je er na die proeftijd nog steeds bent, wordt je uitgelegd hoe het er in de tempel aan toegaat en wanneer en hoe de ceremonies verlopen. En pas dan krijg je toestemming om het heilige der heiligen te betreden waar je je gedurende een flink deel van je verblijf waarschijnlijk een indringer zult voelen.[18] In Europa is men veel gastvrijer.

---

[18] Een van de interessantste getuigenissen van het verblijf van een westerling in een zentempel is vijftig jaar geleden

Bezoekende Japanse meesters prijzen vaak de mildheid van onze beoefening van de leer. We zullen overigens later in de boek zien dat de westerse zen, ook al heeft die dezelfde wortels, sterk verschilt van de Japanse zen.

De overlevering wil dat Seng-k'o, nadat hij Houei-k'o (Taiso Eka in Japan) was geworden door de gunst van zijn meester, zes jaar lang bij Bodhidharma bleef in gezelschap van drie andere leerlingen voor hij werd aangewezen als diens opvolger. Dat maakte hem tot de tweede Chinese patriarch, de eerste die in China was geboren. Wat Bodhidharma aangaat, zijn legende was daarmee niet voltooid, want op een dag verdween hij spoorloos. Door sommigen werd beweerd dat hij was teruggegaan naar zijn geboorteland India, door anderen dat hij was vergiftigd toen hij 150 jaar oud was en begraven in de bergen van Honan. Maar toen een reiziger verklaarde dat hij hem korte tijd later had zien lopen over de hoogvlakten van Pamir met slechts één sandaal aan, maakte men zijn graf open. Het bleek leeg, op één enkele sandaal na. Dat alles vergroot natuurlijk het mystieke karakter van de figuur aan wie niet alleen de verbreiding van het tch'an-boeddhisme in China wordt toegeschreven. Zijn naam is eveneens verbonden aan het beroemde klooster van Shaolin. Hij zou degene zijn die de monniken van dat klooster meditatietech-

---

geschreven door de Nederlandse auteur Janwillem van de Wetering onder de titel *De lege spiegel* (Asoka, 2021).

nieken had bijgebracht, evenals lichamelijke oefeningen, met name voor de ademhaling, en allerlei vechttechnieken waaruit ook het befaamde kungfu zou voortkomen. Bruce Lee als erfgenaam van Bodhidharma ... de wegen van de tch'an zijn ondoorgrondelijk!

Het Daruma-busje

Bodhidharma (Daruma in Japan) heeft me altijd gefascineerd. Hoe kan zo'n ruige figuur, die altijd wordt afgebeeld met een nors gezicht en vreemde bolle ogen, zo populair zijn geworden in Japan? Men heeft er zelf Bodhidharma-poppetjes van papier-maché met grote, wijd opengesperde ogen, borstelige wenkbrauwen, een ruige baard en meestal rode kledij. De ogen zijn wit; het gebruik wil dat je er een van de pupillen in tekent op het moment dat je een wens doet en de andere wanneer die wens uitkomt. Komt je wens niet uit, dan verbrand je het poppetje in een tempel aan het eind van het jaar. Volgens de overlevering zijn de benen en armen van Bodhidharma uiteindelijk verrot tijdens zijn langdurige meditatie. Om die reden zijn de poppetjes een soort duikelaars, een speeltje dat kinderen erg leuk vinden. In de achttiende eeuw maakte Hakuin[19] een nog steeds heel bekend gedicht over dit onderwerp.

'In India is het de grote meester Bodhidharma
In Japan een duikelaar
Ginds verplettert hij zes scholen buiten de weg
Hier troost hij dertigduizend kindertjes.'

[19] Zie het portret op blz. 117.

En als een ultiem eerbetoon heeft Daruma zelfs aan de wieg gestaan van de Pokémon-avatars! Sneeuwpoppen, die ook benen missen, worden in Japan *yuki-daruma* genoemd oftewel 'sneeuw-Bodhidharma's'. Nantenbō (1839-1925), een zenmeester uit de rinzai-school, schilderde talloze yuki-daruma. Op die schilderijen kalligrafeerde hij systematisch onderstaand gedicht van Tesshū Yamaoka (1836-1888).

'Daruma van aangedrukte sneeuw
De dagen verstrijken, waar is hij heen?
Hij heeft geen spoor achtergelaten.'

Aan Bodhidharma danken we ook het gebruik van thee als drank,[20] van oudsher genuttigd door adepten van zazen om te voorkomen dat ze indommelden. Gedurende de negen lange jaren dat hij tegenover een muur zat zou Bodhidharma zijn oogleden hebben afgesneden om niet in slaap te vallen. Uit de oogleden, die op de grond vielen, zouden twee theestruiken zijn gegroeid.

Enkele jaren geleden hebben de volgelingen in de zentempel van Gendronnière*, die in de buurt van Blois werd gesticht door meester Deshimaru, het busje waarmee aards voedsel naar de tempel wordt gebracht Daruma gedoopt. Dat zorgt soms voor grappige en dubbelzinnige uitspraken, zoals: 'Wie heeft de sleutels van Daruma?' Het ding is zonder twijfel een uitstekende koan!

20 Tot dan toe werd thee vooral gebruikt als geneesmiddel.

Sengai Gibon (1750-1837), een zenmonnik uit de rinzai-school, was vermaard om zijn uitstekende kalligrafie en zijn sumi-e-schilderijen*. Op een dag bestelde een rijke koopman een kalligrafie bij hem over geluk en voorspoed in zijn familie. Op de kakemono* die hij vervaardigde schreef Sengai-Gibon alleen drie zinnen:

'De vader zal sterven.
De zoon zal sterven.
De kleinzoon zal sterven.'

De koopman was ontzet toen hij deze sinistere woorden las en dacht dat het een slechte grap was. Hij weigerde dan ook de schilder te betalen. Daarop antwoordde Sengai Gibon: *'Als uw zoon voor u sterft, zal dat u intens verdriet doen. Als uw kleinzoon voor u sterft, zal dat jullie beider hart breken. Als je familieleden in de juiste volgorde overlijden, neemt het leven zijn natuurlijke loop. Dat is wat ik ware voorspoed noem.'*

Zensprookje

Veranderlijkheid

De dialoog, of liever het gesprek tegen dovemansoren, tussen Bodhidharma en keizer Wu uit de Liangdynastie, zoals dat is opgetekend in het historische hoofdstuk dat is gewijd aan de 'barbaar met de lichte ogen', eindigt met een verrassende en raadselachtige aftocht van de Indiase patriarch. Wanneer de verbaasde keizer vraagt wie hij is, antwoordt Bodhidharma dat hij dat niet weet. Wat bedoelt hij daarmee? Zou onze goede Bodhidharma, die al hoogbejaard was toen hij in China aankwam, gewoon zijn naam vergeten zijn? Of probeerde hij met zijn gebrekkige kennis van de landstaal zich uit een netelige situatie te redden met een taalkundige pirouette?

Niets van dat alles. Hij trachtte, tevergeefs, de keizer te laten inzien dat hij, Bodhidharma, niet echt bestond als een onafhankelijk, autonoom persoon. Het geloof in een uniek ik dat we allemaal hebben is een van de talrijke illusies die ons op de weg naar verlichting hinderen. In zijn laatste boek heeft meester Olivier Reigen Wang Genh* het over dat geloof: *'Het IK bestond gisteren, bestaat vandaag en zal morgen bestaan, ongeacht de omstandigheden en veranderingen. Bijgevolg zal een persoon als hij* *klein is, als hij opgroeit en als hij oud wordt ook dezelfde zijn. En dat is precies het gevoel of de ervaring die in het boeddhisme de hechting wordt genoemd en met name de hechting aan de persoonlijkheid en aan het ik.'*[21] Even later werkt hij dat verder uit: *'En daar zit het grootste misverstand: we zien niet in dat elke stap wordt gezet door een andere persoon, die weliswaar veel lijkt op degene die de vorige stap zette, maar niet meer dezelfde is.'*[22] Dat begrip van veranderlijkheid is overigens niet uitsluitend iets van het boeddhisme. Een tijdgenoot van Siddharta Gautama, de Griekse filosoof Heraclites, verklaarde dat *'je nooit twee keer baadt in dezelfde rivier'*; daarmee wilde hij zeggen dat iets nooit hetzelfde is, maar altijd onderhevig aan verandering. Vandaar het antwoord van Bodhidharma aan keizer Wu, dat we als volgt kunnen begrijpen: 'Ik kan u niet zeggen wie ik ben, omdat ik op het moment dat ik het zeg alweer een ander zal zijn.' Maar dat gezegde zijnde, enige uitleg was niet overbodig geweest ...

Goed, maar wat is het probleem? vraag je je af. Het probleem is dat we er in het leven van alledag mee geconfronteerd worden dat alles veranderlijk is. Maar in plaats van dat te accepteren en ervan te leren, zijn we eerst verbaasd, dan wijzen we het af en uiteindelijk verzanden we in bitter geklaag. Hoe vaak heb je niet

---

21 *C'est encore loin l'éveil?*, Le Relié.

22 Ibid.

een man of vrouw zijn of haar huwelijk als volgt horen beschrijven? *'Ik begrijp er niets van. In het begin bracht hij/zij me met een glimlach ontbijt op bed. Tegenwoordig leest hij/zij de krant als we aan tafel zitten zonder een woord tegen me te zeggen.'* Of de variant van ouders: *'Ik begrijp het niet. Als kind was hij niet bij me weg te slaan en wilde hij steeds knuffels. Maar als ik nu dreig hem aan te raken, rent hij naar zijn kamer en sluit hij zich op.'* Wat we niet begrijpen, of liever gezegd weigeren te erkennen, is dat we van moment tot moment veranderen, want wij mensen zijn geen entiteiten die voor altijd vastliggen. We zijn afhankelijk van de wereld om ons heen en die wereld is dat op haar beurt weer van ons. We zien anderen veranderen. We zien hoe de natuur met de seizoenen steeds andere vormen aanneemt, de wetenschap leert ons dat de continenten zich verplaatsen, al merken we dat niet, en zelfs dat het heelal zich voortdurend uitbreidt. Toch blijven we geloven dat er een onveranderlijk 'ik' bestaat dat dit allemaal op afstand bekijkt. Een beroemde zen-koan stelt deze ogenschijnlijk absurde vraag: *'Waarop leek jouw gezicht voordat je ouders geboren werden?'* Die vraag valt niet te beantwoorden, tenzij we beseffen dat het moment waarop we werden verwekt in de loop van ons bestaan slechts een ogenblik is geweest waarop we een andere gedaante hebben aangenomen. We zijn er altijd al geweest. Geboorte of dood bestaat niet, alleen een voortdurende gedaanteverwisseling.

Als we gaan inzien dat alle fenomenen, zonder uitzondering, verschijnen en weer verdwijnen door voortdurend veranderende omstandigheden en oorzaken, kunnen we stukje bij beetje leren om los te laten. Ook dat is een fundamentele waarde van het boeddhisme. We leren om de persoon te laten gaan die we liefhadden, maar nu niet meer. Om ervan te genieten als we zien hoe onze kinderen opgroeien en zelfstandig worden in plaats van hen ondankbaar te vinden. Om een beetje beter te accepteren dat we ouder worden en het vooruitzicht dat we er op een dag niet meer zullen zijn minder eng te vinden. Het hierboven geciteerde gedicht van Sengai Gibon illustreert dat feit heel levendig. Meester Deshimaru placht een zendojo altijd te vergelijken met een bos vol dode bomen. Hij zei dat zazen beoefenen hetzelfde was als zelf in je kist gaan liggen om te sterven. Roland Rech, een van zijn eerste leerlingen, legt heel goed uit wat zijn meester hiermee bedoelde: '*Het houdt in dat we moeten leren een eenvoudig, authentiek leven te leiden, waarin we ophouden te geloven dat we een eeuwigheid voor ons hebben. Er schuilt niets uitzonderlijks in het besef dat het leven even vluchtig is als een dauwdruppel die elk moment kan verdampen. De grootste zwakte van de mens is zijn ijdelheid waardoor hij weigert zijn veranderlijkheid te aanvaarden en doet alsof hij het eeuwige leven heeft.*'[23] Kōdō Sawaki, de meester van Deshimaru, zegt hetzelfde in zijn laatste in het Frans ver-

---

23 *Zenmonnik in het Westen*, VBK Media.

taalde gedichtenbundel: *'Je hele leven zit je er totaal naast, omdat je ervan overtuigd bent dat er een* jij *en een* zij *bestaat. Je doet enorm je best om op te vallen in de menigte, maar in werkelijkheid is er noch een* jij, *noch een* zij. *Dat zul je begrijpen op het moment dat je sterft.'*[24] Kōdō Sawaki gaat daarmee in op een ander begrip waaraan het boeddhisme hecht: de onderlinge afhankelijkheid van alle al dan niet bezielde wezens, een mening die inmiddels wordt bevestigd door de moderne wetenschap. Francisco Varela, neurobioloog en onderzoeksleider bij het CNSR (Frans Centrum voor Wetenschappelijk Onderzoek, vert.), betoogde in 1996 in het tijdschrift *L'Express: 'De wetenschap en het boeddhisme hebben raakpunten wat betreft de begrippen onderlinge afhankelijkheid en veranderlijkheid. Elk fenomeen wordt gezien als een knooppunt in een netwerk van oorzakelijk verband en kan dus geen eigen substantie hebben. Die visie staat lijnrecht tegenover de zienswijze van de grote openbaringsreligies, die het bestaan verkondigen van onveranderlijke substantie (God, de ziel enzovoort) die ontsnapt aan de wet van oorzakelijk verband.'*[25]

Onderlinge afhankelijkheid en veranderlijkheid zijn twee concepten die eenvoudig intellectueel te bevatten en wetenschappelijk aan te tonen zijn, maar veel moeilijker te herkennen in ons dagelijks leven. In dit ver-

---

24 *À toi*, L'Originel.

25 Artikel van Frédéric Lenoir van 20 oktober 1996.

band kunnen we kijken naar de recente coronapandemie, die wereldwijd de menselijke activiteiten vertraagde of stillegde. Het was een brute, maar ook heilzame herinnering aan bovengenoemde concepten. We hebben allemaal maandenlang, afhankelijk van hoe de pandemie zich ontwikkelde, naar hartenlust kunnen mediteren over veranderlijkheid en onderlinge afhankelijkheid. Hoe kan het immers dat ik van de ene op de andere dag aan huis gekluisterd was, bang om te sterven, door toedoen van een piepklein virus dat ineens opdook op een onbekende plek waar ik nog nooit was geweest op duizenden kilometers van waar ik woon ... Ineens kreeg de befaamde metafoor over de vleugelslag van een vlinder die een tsunami veroorzaakt aan de andere kant van de planeet naast een poëtische een heel reële en tragische dimensie.

Weggegooid geld

Veranderlijkheid is een realiteit waarmee we ons leven lang worden geconfronteerd. Helaas roept deze confrontatie meestal frustratie op, wat weer leidt tot irritatie en zelfs woede. We gaan schreeuwen, ontploffen en denken meestal snel aan iets anders. We nemen niet de moeite te observeren welke veranderingen er elke seconde van ons bestaan plaatsvinden. Toch biedt het leven ons steeds weer een gouden kans om ons dit inzicht stukje bij beetje eigen te maken. Dat helpt ons meteen de dingen los te laten waaraan we zo hechten. Het is een leerproces waarmee we ongeacht onze leeftijd altijd kunnen beginnen. Eigenlijk is een hogere leeftijd daarbij eerder een voordeel dan een handicap!

Mijn eerste stap in die richting heb ik gezet in Parijs, één of twee jaar nadat ik met zazen was begonnen. Ik had mijn auto (de eerste die ik nieuw had gekocht) op straat geparkeerd en de volgende ochtend aangetroffen met een lelijke kras over de hele carrosserie. Omdat ik ben opgegroeid in een gezin waarin de auto een soort symbolische betekenis had (mijn vader werkte veertig jaar bij Citroën), was ik er kapot van! Gelukkig was ik in het gezelschap van een vrouw op wie ik al heel erg verliefd was en die auto's totaal onbelangrijk vond. Omdat ik niet wilde doorgaan voor de plaatselijke autogekke macho deed ik alsof het niet zo erg was en speelde ik het zo 'zen' mogelijk. Uiteindelijk is die kras voor mij een romantisch souvenir geworden aan een liefdesweekend in Parijs.

Toen ik een paar jaar later naar Frankrijk ging voor het zomerkamp van de tempel van La Gendronnière, gooide ik per ongeluk de gebruikte envelop waarin het complete bedrag voor mijn verblijf zat onderweg in een vuilnisbak. Ik merkte het pas een paar kilometer voor de plaats van bestemming. Omdat ik geen enkele hoop koesterde dat ik de envelop terug zou kunnen vinden, besefte ik na een korte uitbarsting van woede op mezelf dat ik twee mogelijkheden had. Of ik kon de komende dagen voor mijn muur gaan zitten en uiteindelijk mijn zazen verpesten 'vanwege mijn onmetelijke stomheid',[26] of ik kon ervan profiteren om deze uit gehechtheid voortgekomen woede te accepteren en proberen die achter me te laten. De tweede oplossing werkte uiteindelijk vrij goed.

---

[26] *Face à mon incommensurable stupidité* is de titel van de Franse vertaling van een boek van zenmeester Soko Morinaga.

Hoe kun je leren omgaan met veranderlijkheid?

In de zentraditie leren we dat het beter is iets kleins te begrijpen, maar dan wel diepgaand met je hele lichaam, dan grote principes die zich vaak beperken tot een intellectueel niveau. In die zin is zazen of welke andere vorm van zittende meditatie ook een uitstekend middel om het begrip veranderlijkheid te ervaren. De dalai lama geeft ons, met zijn bekende gezonde verstand, een vrij gematigd advies: trek dagelijks twintig minuten uit om je af te zonderen op een stille plek en naar jezelf te luisteren. Want alleen als we geconcentreerd waarnemen hoe ons lichaam en onze geest functioneren, merken we dat ze onophoudelijk veranderen onder invloed van de wereld waar ze niet los van staan.

En zeg niet dat je geen tijd hebt! De gemiddelde Nederlander zit dagelijks 2,5 uur voor de tv, de Fransman 3,5 uur en de Belg 3 uur en een kwartier. In de VS kijkt een gemiddeld gezin maar liefst ruim 8 uur per dag tv. Stel jezelf eens de volgende vraag: kan ik van al die tijd dat ik naar anderen luister niet een paar minuten aftrekken om naar mezelf te luisteren?

Een ander vlak waarop we bewust iets kunnen doen is dat van de vormen van gehechtheid waar geen enkel mens vrij van is: omdat de wereld wordt geregeerd door veranderlijkheid, is het een risico om je aan wat dan ook te hechten, of het nu gaat om chocolade met hazelnoten, de beoefening van zen, de laatste gameconsole of een buurman/-vrouw die op dezelfde etage als jij woont. Overigens weten we maar al te goed dat veel van die soorten gehechtheid op zichzelf een bron zijn van ongemak of zelfs leed. Als ik te veel chocolade met hazelnoten eet, word ik dik en dat kan mijn gezondheid schaden. Als ik me te veel hecht aan een spirituele leer, riskeer ik het contact te verliezen met de wereld om me heen. Als ik een nieuwe gameconsole koop, ben ik straks weer gefrustreerd als er een nieuwe versie op de markt komt. Als ik me elke keer door de eerste de beste laat verleiden, ben ik alleen maar op de vlucht uit angst om alleen te zijn ...

Daarom heeft de mens de vreemde gewoonte om aan het eind van elk jaar met goede voornemens te komen. Ik ga ermee stoppen (kies maar): chocolade te eten, elk weekend in de dojo te zitten en mijn vakanties in de tempel door te brengen, elke dag drie uur te gamen, te flirten met elk leuk smoeltje dat ik tegenkom enzovoort. En elk jaar is het resultaat hetzelfde: we houden het een paar dagen, misschien zelfs weken vol en geven ons dan weer jammerlijk over aan onze gehechtheid. Waarom? Omdat we iets willen aanpakken wat sterker is dan wij zonder dat we daarin getraind zijn.

Je bevrijden van een gehechtheid vergt tijd en doorzettingsvermogen. Dus in plaats van één keer per jaar een ingrijpend voornemen te kiezen, kun je beter regelmatige kleinere voornemens realiseren. Experimenteer met een kleine frustratie. Je kunt bijvoorbeeld één chocoladevrije dag per week instellen. Dan kun je zonder al te veel leed waarnemen wat er die dag binnen in je gebeurt. Je kunt het zien als een rouwproces dat verschillende fasen kent: de schok, irritatie, onderhandelen, depressie en acceptatie. Vooral zul je merken dat je een dag zonder chocolade, zonder zazen, zonder gameconsole of zonder flirt prima kunt overleven. Dat zal je voldoening geven en je misschien prikkelen om de volgende keer de lat wat hoger te leggen.

En doe moeite om elke keer bewust te handelen, dat wil zeggen echt aanwezig te zijn bij alles wat je doet. Er zijn twee heel verschillende manieren om chocolade te eten. Je kunt die in alle rust op je tong laten smelten en je concentreren op het genot dat elk stukje je geeft. Of je kunt het dwangmatig naar binnen proppen, terwijl je helemaal opgaat in de tigste aflevering van je favoriete tv-serie. Afhankelijk van de gekozen methode zou de uiteindelijke staat van de chocoladereep wel eens aanzienlijk kunnen verschillen.

Dōgen
DE HERVORMER

Tijdens zijn verblijf in het klooster op de berg de T'ien T'ung in China ontmoet de jonge Dōgen een monnik. Deze Yung is 68 jaar en heeft de leiding over de keukens van het klooster. Yung is bezig wier te drogen voor de zaal van Boeddha in de brandende zon. Badend in het zweet loopt hij voortdurend heen en weer met een lange stok in de hand en een rug zo krom als een boog. Onder de indruk vraagt Dōgen hem waarom die taak niet wordt uitgevoerd door een jongere bediende. Yung antwoordt: 'Wat een ander doet wordt niet door mij gedaan.' Daarop wil Dōgen weten waarom hij dan in de brandende zon aan het werk is. Yung reageert als volgt: 'Uitstellen tot later? Tot wanneer dan?'

Zensprookje

In de herfst van 1227 keerde de Japanse monnik Dōgen na een reis van vierenhalf jaar door China terug in zijn geboorteland. Hij was op 21 februari 1223 vertrokken uit Kyoto in gezelschap van zijn meester Myōzen, twee andere monniken en de samoerai-keramist Kagemasa die hun bescherming moest bieden. Dōgen keerde, zoals hij zelf zei, terug *'met lege handen'*. Hij had alleen de as van zijn meester bij zich, die tijdens de reis was overleden, en de kesa van Fuyo Dokai*, wat hem tot de 51ste t'chan-patriarch maakte. In zijn bagage geen enkele vrome reliek, geen fraai gekalligrafeerde soetrabundel zoals de andere Japanse monniken plachten mee te nemen van hun gevaarlijke reis door het Rijk van het Midden. In die tijd drukte het boeddhisme een grote stempel op de Japanse cultuur en het was zelfs in het begin van de zevende eeuw tot staatsgodsdienst verklaard op initiatief van prins Shōtoku. Dōgen was toen slechts 27 jaar, maar hij had wel plannen om het staatsboeddhisme, dat hij ziek achtte, te hervormen. Maar wie was die brutale jongeman, die tegenwoordig als een van de grootste meesters uit de geschiedenis van het boeddhisme en stichter van de sōtō-zen in Japan wordt gezien?

Als we kijken naar de kinderjaren van Dōgen, valt op dat er veel overeenkomsten zijn met de jeugd van Siddhartha Gautama, de toekomstige Boeddha. Net als Gautama hoorde hij tot een vorstelijk geslacht, de Minamoto uit Kyoto, geboren om precies te zijn op de tweede dag van de eerste maand in het jaar 1200. Ook al twijfelen biografen nog steeds tussen twee vermeende vaders, zijn moeder Ishi hoorde wel degelijk tot de illustere familie Fujiwara. De oudere broers van Dōgen grossierden overigens in de allerhoogste bestuurlijke of religieuze posten uit die tijd en zijn oudere zus trouwde zelfs met keizer Gotoba. De net als de jonge Siddhartha met een zilveren lepel in de mond geboren Dōgen groeide eveneens op in weelde. In zijn boek *Trois Maîtres zen* vat Pierre Turlur zijn kinderjaren als volgt samen:

> *'Het kind groeide volgens de zeden en gebruiken van aristocratische families uit die tijd op in een gouden kooi. Het werd, beschermd tegen de woelingen en platvloersheid van de buitenwereld, opgevoed met muziek, schilderkunst en letteren. [...] Elke wanordelijkheid werd zorgvuldig vermeden. Men hield het weg bij de armoede en de ellende die in de wereld heersten.'*

Er was echter één groot verschil met Siddhartha, die zijn paleis moest verlaten om de ellende van de wereld te leren kennen in de gedaante van een grijsaard, een zieke en een lijk dat naar de brandstapel werd gedragen. Dōgen werd daarentegen al binnen de paleismuren geconfronteerd met verschrikkingen, want zijn echte of fictieve verwekker stierf toen hij 3 jaar oud was en zijn geliefde moeder verloor hij als achtjarige.

Toen hij de wierrook boven het levenloze lichaam van zijn moeder zag walmen, werd hij pijnlijk geconfronteerd met vergankelijkheid. De jongen trok de hartverscheurende conclusie dat elke vorm van leven tijdelijk is. Enkele jaren later besloot hij, wel weer net als Siddhartha, af te zien van het leven in nietsdoen en luxe dat hem was beloofd.

> *'Je zult monnik worden om mijn ziel te troosten en je zult de vorstelijke weg van de leer van Boeddha bewandelen om de pijn van alle mensen weg te nemen.'*

Die laatste woorden, die zijn moeder fluisterde op haar sterfbed, brachten Dōgen ertoe om als dertienjarige het huis van de jongere broer van zijn moeder te ontvluchten. Hij begaf zich naar de tempel van een andere oom, Ryōkan Hōgen, die hij smeekte om hem aan te nemen als thuisloze monnik*. De oom was onder de indruk van de vastberadenheid van de jongen die had besloten het brokaat van de hoveling te verruilen voor de versleten pij van een monnik, en ontroerd door het diepe geloof waarvan de jongen blijk gaf. Daarom opende Ryōkan Hōgen de deuren van zijn tempel Onjo-ji voor zijn neef. Dōgens wijding tot monnik datzelfde jaar vond echter niet daar plaats, maar in Enrakyu-ji, het belangrijkste centrum van de *tendai*-school*.[27] Een jaar later ontmoette hij zijn eerste zenmeester in de persoon van Myōan Eisai*. Deze was enkele jaren eerder uit China teruggekeerd en had de zen in Japan geïntroduceerd door de rinzai-school te stichten. Dōgen was bij hem in de leer tot hij verdween, en was vooral onder de indruk van zijn gulheid jegens de armen. Later zou hij vertellen in de *Shōbōgenzō Zuimonki* hoe Eisai, aangesproken door een arme wiens vrouw en kind dreigden te sterven van de honger, de man een stuk koper gaf dat bedoeld was voor een Boeddhabeeld. Hij zei hem het koper te verkopen en voor het geld rijst te kopen en dat in een tijd dat andere kloostergemeenschappen zich steeds extravagantere uitgaven permitteerden en troepen bewapende monniken aannamen om hun eigendommen te beschermen. Na de dood van Eisai in juli 1215 was Dōgen negen jaar lang in de leer bij Eisai's leerling Myōzen Ryōnen, voor het meesterschap aan hem werd overgedragen. Intussen was het boeddhisme in Japan steeds decadenter geworden. Gepaaid door politieke machthebbers vergaarden de geestelijken van de tendai- en de *shingon**-school fortuin en macht in hun vergulde forten

27 In deze eerste periode heeft de zen zich ontwikkeld in de tendai-school, waarin zen werd gezien als een aparte weg, die veel van zijn volgers vroeg.

op de berg de Hiei, die uittorent boven Kyoto. Als reactie op deze religieuze verloedering besloot Dōgen naar China te gaan, naar de bron van de tch'an, om weer aanknoping te zoeken met de leer van Bodhidharma.

Op 21 februari 1223 vertrokken Dōgen en zijn kleine reisgezelschap te voet uit Kyoto en liepen naar de haven van Hakata, waar een boot wachtte die hen naar China zou brengen. De reis begon slecht. De jongeman werd gedurende de veertig dagen van de overtocht geteisterd door koliek en zeeziekte. En bovendien mocht de 23-jarige niet van boord gaan in de haven van Quiguyan, vanwege een triest verhaal over religieuze toestemming dat hem de toegang tot plaatselijke tempels verbood. Terwijl hij vastzat op de boot, wachtend op speciale toestemming van de keizer, ontmoette Dōgen op een avond zijn eerste Chinese monnik. Deze was kok in de Kori-tempel en van zijn berg afgedaald om shiitakes te kopen van de Japanse 'toeristen'. Dōgen was dolblij dat hij zijn Chinees kon oefenen, waarop hij als kind ijverig had gestudeerd, en nodigde de monnik uit in zijn hut. Helaas moest de laatste al vroeg in de avond vertrekken om zijn berg weer op te klimmen. Toen de Japanner er bij hem op aandrong de nacht aan boord door te brengen, antwoordde de oude monnik-kok dat het niet mogelijk was, omdat hij het maal voor de volgende dag moest koken voor de monniken. Het verbaasde Dōgen dat de oude man nog steeds gedwongen was dit soort alledaags werk te doen. Daarop antwoordde de monnik dat de jonge Japanner niets begreep van de leerweg van Boeddha als hij dacht dat een taak, hoe onbeduidend ook, niet kon worden gedaan door degene aan wie ze is toevertrouwd.

De boeddhistische weg raakt alle dingen die je dagelijks doet: een paar maanden later werd Dōgen opnieuw geconfronteerd met een voorbeeld van deze leer. Hij was eindelijk toegelaten in het T'ien T'ung-klooster waar hij zich bij zijn meester Myōzen kon voegen. Hij trof er ook een tweede monnik-kok die druk doende was wier te drogen in de zon, wat leidde tot een nieuw gesprek (aan het begin van dit hoofdstuk opgenomen) dat eindigde met het befaamde *'Wat een ander doet, wordt niet door mij gedaan.'* Dōgen was zo getroffen door deze ontmoetingen met deze oude Chinese *tenzo**, dat hij de volgende uitspraak deed: *'Als ik een beetje begrijp wat het betekent om de weg te volgen, dan dank ik dat aan de grote welwillendheid van deze koks.'* Maar wat had hij begrepen? Hij had begrepen dat *'dit lichaam zoals het is, dit leven zoals het is, zelf de weg is. Het heeft geen enkele zin om de ware weg elders en anders te zoeken.'*[28] Alles wat we in ons dagelijks leven doen draagt, mits we het heel bewust en belangeloos doen, bij aan verlichting. Het is de essentie van het antwoord dat meester Jōshu* drieenhalve eeuw eerder gaf aan een nieuwe monnik die

[28] Asuka Ryōko en Yann Aucante, *Dōgen, le fondateur de l'école zen sōtō*, L'Harmattan.

in zijn klooster was aangekomen en hem vroeg hem te onderwijzen. 'Heb je je rijstepap gegeten? Ja. Ga dan maar je kom afwassen.' Terwijl hij zijn kom schoonmaakte, spoelde de leerling-monnik ook symbolisch zijn oude manier van denken af, zonder zover te gaan als Eki en zijn arm af te hakken.

Na maanden door het China van de Songdynastie te hebben gezworven op zoek naar authentieke meesters, vond Dōgen er uiteindelijk een in de persoon van Tiantóng Rújìng (Tendo Nyojo* in het Japans). Bij deze meester werd hij ingewijd in twee basisinzichten van de tch'an: shikantaza ('alleen zitten') en *shinjin-datsuraku* ('lichaam en geest achterlaten'). Overigens bereikte Dōgen de *satori** pas toen hij Nyojō die laatste vermaning in het oor hoorde schreeuwen van een monnik die in slaap was gevallen op zijn zafu. Korte tijd later stierf zijn eerste meester Myōzen en nadat Dōgen nog twee jaar had doorgebracht bij Tendō Nyojō, besloot hij terug te gaan naar zijn land.

In de herfst van 1227 keerde Dōgen dus met lege handen terug in Japan, maar verrijkt met een waarheid die hij aan eenieder wilde doorgeven: *'Ik heb niets buitengewoons geleerd in China, behalve dat ogen horizontaal staan en neuzen verticaal. 's Morgens gaat de zon op in het oosten en hij gaat onder in het westen. Als de lucht onbewolkt is, kun je de bergen zien. Als het stopt met regenen, kun je de bergen beneden zien. Bij dageraad kraait de haan. Ik ben met lege handen teruggekeerd naar Japan.'*[29] Zijn handen zijn leeg, maar zijn boodschap is duidelijk: om verlichting te bereiken moet je er hier en nu naar leven, zonder dralen, de ogen horizontaal en de neus verticaal. De satori is niet het doel van de leer, maar maakt er deel van uit. En alleen een oprechte en ijverige beoefening van zazen stelt je in staat de berg (de verlichting) te zien die schuilgaat achter de mist van onze illusies en de regen van onze gehechtheden. Hetgeen doorgegeven moet worden *'staat boven mysterieuze betekenissen, esoterische ideeën. Het is de naakte waarheid zoals we haar tegenkomen.'*[30] Dōgen verwierp de lessen van menige school (shingon, tendai, hoso enzovoort) *'die zijn gebaseerd op speculatieve interpretaties van heilige boeddhistische teksten en leiden tot een praktijk van symbolische en esoterische rituelen'* en was voorstander van *'rechtstreeks experimenteren in de geest van de Boeddha'.*[31]

Deze leer onderwees hij aanvankelijk in Kosho-ji, de tempel die hij stichtte aan de oever van de Uji-rivier, ten zuiden van Kyoto. Daarmee volgde hij het advies op van Nyojō die hem had aangeraden *'zich terug te trekken ver van de corruptie van de politiek en van de machtigen'.*[32] Op die plek begon hij met het schrijven van zijn

---

29 Ibid.

30 Pierre Turlur, *Trois Maîtres zen: le vertueux, le rêveur, le vagabond*, Le Relié.

31 *Les Enseignements du maître zen Dōgen: Shōbōgenzō Zuimonki*, vertaald en becommentarieerd door Kengan D. Robert.

32 Pierre Turlur, *Trois Maîtres zen: le vertueux, le rêveur, le vagabond.*

eerste theoretische werk, de *Fukanzazengi*, zijn '*Universele aanbevelingen voor de beoefening van zazen*'. De tempel was ook de plek waar de twee jaar oudere Koun Ejō zich bij hem voegde en hem vervolgens twintig jaar lang diende als *shusso**. Dōgen koos hem als opvolger en als zodanig voltooide hij na de dood van zijn meester het monumentale *Shōbōgenzō* (*Schatkamer van het oog van de ware leer*), een meesterwerk uit de Japanse religieuze literatuur dat alle grote thema's aansnijdt uit de zenleer en de boeddhistische filosofie. Vanwege de vijandigheid van de monniken op de berg de Hiei, die niets moesten hebben van het door Dōgen gepredikte strenge kloosterleven, kozen de twee broeders er later voor nog wat verder van Kyoto weg te trekken. Op uitnodiging van een rijke niet-religieuze weldoener en onder de directe bescherming van keizerin Ankamonin verhuisden ze naar de provincie Echizen (de huidige prefectuur Fukui). In 1244 stichtten ze er Eiheji (eeuwige vrede), ook tegenwoordig nog een van de twee belangrijkste Japanse tempels uit de zen-boeddhistische sōtō-school. In 1250 kreeg Dōgen van de keizer de allerhoogste onderscheiding voor zijn complete werk, te weten het paarse gewaad dat alleen wordt verleend aan de grootste verbreiders van het boeddhistische geloof. Overigens had hij het drie keer geweigerd en accepteerde hij het gewaad uiteindelijk alleen om de machtige vorst niet te beledigen. Hij zou het nooit dragen, uit angst, naar hij zei, dat '*de apen en kraanvogels hem erom zouden uitlachen*'.

Op 28 augustus 1253 legde Dōgen 's avonds zijn zafu op de futon en ging zitten. *'Zijn ademhaling vertraagde. Toen werd zijn hele lichaam slap. De wereldse Dōgen was de ultieme deur doorgegaan. Ejō liep de binnenplaats op met een gezicht nat van de tranen. De volle maan wierp zijn licht op de verre bergen.'*[33]

Als waardig opvolger van Bodhidharma, die zeven eeuwen eerder het tch'an naar China had gebracht, was Dōgen naar dat land gegaan om er de zen te zoeken en in zijn oorspronkelijke zuiverheid in Japan te introduceren. En, net zoals het tch'an in India was verdwenen nadat Bodhidharma was vertrokken naar China, verpieterde het in China nadat Dōgen naar Japan was teruggekeerd. *'Daarmee lijkt de zen op een feniks die in een andere cultuur herleeft, elke keer dat het wordt ingehaald door degeneratie.'*[34]

---

33 Ibid.

34 Luc Boussard, *Pelerinage chez les maîtres éminents.*

De tijd van een kalpa

In juni 2019, tijdens een van mijn reizen naar Japan, bracht ik een bezoek aan de Kosho-ji, de eerste tempel die Dōgen stichtte ten zuiden van Kyoto. Ook al heeft de huidige tempel weinig meer te maken met het origineel, er heerst nog steeds die kalme en bedachtzame sfeer die de grondlegger van de sōtō-zen zo koesterde. Bij de ingang van de keukens is een enorme vis van hout opgehangen, waarop de met deze taak belaste monnik elke dag met een hamer slaat om het begin van de zazen aan te kondigen. In de centimeters dikke houten vissenhuid zit in het midden een groot gat, steeds verder uitgesleten door de klappen met de hamer. Dit concrete symbool van de voortzetting van een traditie staat voor het begrip *kalpa* dat het boeddhisme zo koestert: de kosmische cyclus die eindeloos duurt en die Kōdō Sawaki als volgt definieerde: 'Een kalpa is de tijd die nodig is om een stenen kubus van achttien bij achttien kilometer te laten verdwijnen door slijtage als een fee erop neerstrijkt en er één keer in de honderd jaar met haar sleep van veren overheen veegt.'[35]

35 Kōdō Sawaki, *Le Chant de l'éveil, le Shōdōka commenté par un maître zen.*

'De mens heeft al vanaf zijn geboorte wat hij nodig heeft. Als je alles wilt hebben, zul je niets verkrijgen.

Als je daarentegen niets verlangt, zul je alles verkrijgen. Zelfs als je je druk maakt om aardse goederen te verwerven, zul je alles verliezen als de dood aanklopt. Ik hoop dat u simpelweg de boeddhistische weg zult volgen zonder u al te veel zorgen te maken om de rest.

Heb vertrouwen in het leven.'

Dōgen, volgens de *Zuimonki* (deel 3)

Soberheid

Tijdens zijn laatste openbare les en toen hij ernstig ziek en bedlegerig was, herinnerde Dōgen zijn naaste volgelingen aan de acht waarheden van de ware mens zoals Boeddha Shakyamuni die kort voor zijn dood had verkondigd:

> *'Je bevrijden van verlangens, je verheugen in soberheid, genieten van stilte, de juiste inzet tonen, vlijtig zijn, opgaan in meditatie, wijsheid leven inblazen, lege gesprekken mijden.'*[36]

Meester Dōgen hechtte er belang aan steeds weer terug te keren naar de zuivere en frisse bron van het boeddhisme, de oorspronkelijke woorden van Shakyamuni. Dit blijkt wel uit zijn laatste preek die het thema gelukkige soberheid (Dōgen spreekt van strengheid) behandelt, dat vandaag de dag wordt gepopulariseerd door een andere grote humanist, Pierre Rabhi. In dit thema soberheid klinkt natuurlijk het thema onthechting

---

[36] Pierre Turlur, *Trois Maîtres zen: le vertueux, le rêveur, le vagabond.*

door dat in een eerder hoofdstuk is behandeld. We kunnen niet sober leven als we gehecht blijven aan materiële zaken en als we niet het wijze vermogen hebben verworven om onderscheid te maken tussen wat we nodig hebben om te leven en het overbodige dat we hebben vergaard omdat we in de greep waren van gulzigheid, uit dwangmatigheid of om een gevoel van onbehagen te verzachten.

In de *Shōbōgenzō Zuimonki*, een bundel lessen van Dōgen die zijn genoteerd en verzameld door zijn trouwe leerling en opvolger Koun Ejō, komt de meester talloze keren terug op de noodzaak voor een monnik om sober te leven. Overigens kunnen we deze bundel beschouwen als een van de oudste handleidingen voor persoonlijke ontwikkeling uit de geschiedenis.

> *'De monniken bezitten gebruiksvoorwerpen en mooie kleding, ze vergaren goederen, houden van luchtig gekeuvel, ze zijn slordig in hun gebeden en verering enzovoort. Al die zichtbare verloedering doet vermoeden dat hetzelfde geldt over de hele linie. De volgers van de waarheid van Boeddha horen geen andere bezittingen te hebben dan hun versleten pijen en hun bedelnap. [...] Ze horen geen dingen te bezitten die ze voor de anderen moeten verbergen. Als je niets bezit, ben je veel gelukkiger.'*[37]

---

37 *Shōbōgenzō Zuimonki*, vertaald en van commentaar voorzien door Kengan D. Robert.

Wat Dōgen hier aan de kaak stelt, is de dwaling die de heilige Franciscus van Assisi* in dezelfde tijd betreurt in het westerse christendom: het spirituele dat wijkt voor het tijdelijke, de aftakeling van het geloof en de corruptie van de geestelijkheid in die tijd. Waar Dōgen eraan herinnert dat Boeddha Shakyamuni *'graag de rijstepap met melk at toen de herderin hem die aanbood en dat hij ook haver at toen hij die ten geschenke kreeg'*,[38] herinnert Sint-Franciscus er op zijn beurt aan dat Christus die werd geboren in een stal altijd in de grootste armoede leefde. Naar diens voorbeeld besloot deze man, die de bijnaam *il poverello* ['de arme', vert.] kreeg, in zijn onderhoud te voorzien met lichamelijk werk of aalmoezen; en in 1210 stichtte hij de Orde der Minderheidsbroeders, gebaseerd op de waarden armoede, liefdadigheid en nederigheid. Dezelfde waarden paste Dōgen toe toen hij de strenge regels opstelde voor de nieuw opgerichte zenkloosters. Hij baseerde zich op het principe *'een dag niet werken is een dag niet eten'*, een motto dat drie eeuwen eerder was verbreid door Pai Chang (Hyakujo Ekai in Japan), een Chinese zenmeester die op zijn tachtigste nog steeds op de akkers werkte. Zijn leerlingen verstopten zelfs zijn gereedschap om hem het zware werk te besparen. Die dag at de meester niet. En de dagen erop ook niet, tot

38 Dit verwijst naar de eerste maaltijd die Boeddha at na zijn ascese van zes jaar, het heerlijkste voedsel, en naar haver, volksvoedsel dat hij later in zijn leven evengoed wilde eten.

zijn leerlingen hem zijn werktuigen teruggaven uit angst dat hij zou sterven van de honger.

Voor Dōgen was de kesa, de eerder genoemde haveloze pij, het symbool bij uitstek voor de gelukkige soberheid waarin de volgers van de weg moeten leven. Ook daarmee keert hij terug naar de bronnen van het boeddhisme, aangezien zenmonniken dat kledingstuk ook nu nog naaien (als ze het tenminste niet uit een catalogus bestellen zoals tegenwoordig gebruikelijk in Japan). De kesa is geïnspireerd op de pij die Boeddha Shakyamuni droeg na zijn zelfkastijding van zes jaar. Hij had lorren verzameld die waren achtergelaten bij lijkverbrandingen of bij het vuil waren gegooid omdat ze onrein zouden zijn, zoals de lappen die vrouwen tijdens hun menstruatie hadden gebruikt. Hij waste ze zorgvuldig, naaide ze als een lappendeken aan elkaar en verfde het resultaat in een donkere tint voor hij zich erin hulde. Dat doet ons natuurlijk meteen denken aan een andere grote wijze, Gandhi. Die spoorde zijn landgenoten immers ook aan om zelf hun kleding te maken door hun eigen katoen met een traditioneel spinnenwiel te verwerken tot draden. Deze terugkeer naar de sobere kleding moest tevens een bevrijding zijn van de economische voogdij van het Britse Rijk.

In China, in het klooster van meester Eijo, zag Dōgen voor het eerst een monnik die een kesa op zijn hoofd legde voor hij de Takkase Ge ging zingen.

'O gewaad van Grote Bevrijding
Kesa uit het veld van grenzeloos geluk
Ik volg vol vertrouwen het onderricht van de Boeddha
Om zo goed mogelijk alle ontvankelijke wezens te helpen.'

Dōgen was tot tranen toe geroerd en besloot om deze praktijk te introduceren in Japan. En dat brengt ons vanzelf bij onze tijd: als we recyclen, ook al doen we dat niet uit spirituele overwegingen, kunnen we dus verwijzen naar een illustere voorouder: Boeddha.

Natuurlijk moet de aanpak van Pierre Rabhi en iedereen die tegenwoordig een beheerste groei richting gelukkige soberheid voorstaat, gezien worden in een heel andere historische context. We leven immers op een planeet die uitgeput raakt omdat ze is overgeleverd aan de roofzucht van de mens, verblind als die is door de mythe van de ongebreidelde groei. Het matigen van onze behoeften en wensen is tegenwoordig niet alleen meer een keuze die wordt ingegeven door religieuze of ethische overwegingen, maar een noodzaak als we willen breken met die allesverslindende richtlijn die we 'mondialisering' noemen en die wordt aangeklaagd door Pierre Rabhi. Het thema van de instandhouding van de band tussen mens en natuur vinden we overigens al bij het Chinese tch'an, sterk beïnvloed door het taoïsme dat de mens aanmoedigde om zich te schikken naar de wetten van de natuur. Ook stond het centraal bij de inheemse bevolkingsgroepen van Amerika die onophoudelijk hebben gewezen op de aanslagen die de witte mens pleegde op hun omgeving.

In een prachtige passage in zijn boekje *A Smile in the Mind's Eye* schildert de Britse schrijver Lawrence Durrell een tafereel waarin een taoïstische meester die hij had uitgenodigd voor een maaltijd zich naar de afvalbak in de keuken haastte om er het groen van een prei uit te vissen die Durrell zonder erbij na te denken had weggegooid. *'Alles is eetbaar als je het maar fijn genoeg snijdt,'* legde de meester hem uit. Een lesje in spaarzaamheid dat in goede aarde zou zijn gevallen bij Dōgen, die in zijn *Instructies aan de zenkok* (1237) de kok (tenzo) aanraadt geen oordeel te vellen over de kwaliteit van de ingrediënten die hij bereidt.

> *'Dus als je te maken hebt met een vieze substantie, behandel die dan met eerbied; geef blijk van evenveel ijver en aandacht als wanneer het ging om een kostbaar goed. Het is van belang dat je geest niet verandert al naar gelang de kwaliteit van een voorwerp. Als je gemoedstoestand afhangt van dingen, is dat alsof je van houding en taal verandert afhankelijk van de hoedanigheid van de persoon die je ontmoet. Dat gedrag hoort niet bij een mens die de weg volgt.'*
> Zuigan Roshi, oud-abt van de zentempels Rinzai Myōshin-ji en Daitoku-ji in Kyoto, zegt hetzelfde: *'In wezen bestaat er geen afval, noch bij de mensen, noch bij de dingen.'*

Het boeddhisme in het algemeen en de zen in het bijzonder kent een inherente ecologische dimensie. Heel eenvoudig omdat we, wanneer we zazen beoefenen en stukje bij beetje ons ego laten varen, ons bewust worden van de onderlinge afhankelijkheid van alles en onze verbondenheid met het hele universum.

> *'Een van de kernpunten in de boeddhistische pedagogie is de onderlinge afhankelijkheid van al wat leeft. Een boeddhist kan de natuur niet zien als een tuin waarvan de mens naar eigen goeddunken gebruik kan maken. We zijn één met de natuur, ermee in harmonie. Een boeddhist weet dat als we wat dan ook kapotmaken, we onszelf kapotmaken. Als ik een ander wezen kwaad doe, doe ik mezelf kwaad.'*[39]

Daarom doet men in alle zentempels moeite om elk teveel te vermijden, zoals meester Roland Yuno Rech[40] verduidelijkt:

- Te veel voedsel of te machtige etenswaren die slecht zijn voor de gezondheid.
- Te veel comfort dat de weerstand ondermijnt.
- Te veel informatie die onze relatie met de wereld abstract maakt.

Deze 'niet-te-veelregel', die direct is geïnspireerd op Dōgen, kan iedereen in zijn dagelijks leven inspireren.

---

39 Olivier Reigen Wang-Genh, *C'est encore loin l'éveil?*
40 Roland Rech, *Zenmonnik in het Westen.*

De zenkeuken

Af en toe fungeerde ik als tenzo in de zentempel van Weiterswiller in de Elzas. Elke keer was dat voor mij een veeleisende, maar heel verrijkende ervaring. Want het is niet zo moeilijk om jezelf te zien als een toonbeeld van geduld en gelijkmoedigheid als je in alle rust op je zafu in de dojo zit (althans aan het begin van de eerste zazens). Maar het is wél moeilijk om die gemoedstoestand te bewaren tijdens de dagelijkse *samu** en in het contact met de andere volgers. Wanneer de tijd dringt, omdat de maaltijden op vaste tijden geserveerd worden volgens een strak ritueel en de geweldige concentratie van de persoon die de uien snippert grenst aan slow motion, moet je heel diep ademhalen en je de instructies van meester Dōgen in herinnering roepen: je hoort alle leden van de *sangha** vriendelijk en vol begrip te behandelen voor je hem of haar heel rustig vraagt om het wat sneller te doen.

Een Koreaanse meester vertelde dat ze in de zentempels in zijn land de aardappels wasten door ze in een kuip vol water te leggen en ze er dan met een stok goed door te roeren. Dat was een veel efficiëntere methode dan de aardappels stuk voor stuk wassen. In die zin predikt zen een collectief volgen van de weg dat niet ophoudt bij de deuren van de dojo. We leren evenveel over onszelf en de anderen door samen te koken, af te wassen of de gemeenschappelijke toiletten schoon te maken, als door op een kussen in de dojo te zitten. Daar denk je al snel dat je door de deuren van het rijk van sereniteit en gelijkmoedigheid bent gegaan. Maar je komt onvermijdelijk weer met beide voeten op de grond terecht als je jezelf hoort schelden op iemand die niet heeft doorgetrokken bij zijn vertrek uit de wc.

Hoe kun je soberheid betrachten?

Yuval Noah Harari[41] wijst er in zijn briljante bestseller *Sapiens* terecht op dat *'gedurende de hele geschiedenis de mens in schaarste heeft geleefd. Het motto was soberheid.'* In onze huidige consumptiemaatschappij vinden we het echter normaal om *'talloze producten te kopen die we niet echt nodig hebben en waarvan we gisteren het bestaan nog niet eens vermoedden'*. Het gevolg is dat de meesten van ons een overvloed aan materiële spullen verzamelen die ons kortstondig plezier doen als we ze kopen, maar uiteindelijk belanden in een kast, op zolder of op de stort.

Een heel simpele oefening helpt je om te beseffen hoezeer we ons leven en daarmee ons hoofd volproppen. Ze houdt in dat je aan het begin van het jaar alle kleerhangers in je kast met een kledingstuk eraan achterstevoren ophangt. Dan hang je elke keer dat je een kledingstuk draagt de hanger weer goed. In veel geval-

41 De Israëlische historicus Yuval Noah Harari beoefent *vipassanāmeditatie**, zoals S.N. Goenka voorschrijft, twee uur per dag.

len zien mensen dan dat ze minder dan de helft van hun kleding hebben gedragen. Hetzelfde kun je doen met je boeken, je cd's of je vaatwerk.

Maar, zul je zeggen, waarom is het zo erg om je te omringen met spullen, zelfs al zijn ze nutteloos? Masuno Shunmyo, een zenmonnik in Yokohama en wereldwijd gerenommeerd tuinarchitect, legt dat heel goed uit in zijn boek *Ranger, une pratique zen* [*Opruimen, een zenoefening*, vert.]. Hij begint met een definitie van wat hij ware rijkdom noemt; die bestaat eruit *'een aangenaam leven te leiden, alleen omringd door dingen die we nodig hebben en waarvan we houden [...] door overbodige dingen te verwijderen en ons te ontdoen van alles wat geen nut heeft'*. Maar *'als je leeft in vertrekken propvol nutteloze spullen, zullen nutteloze gevoelens en een even nutteloze vermoeidheid zich in je hart nestelen'*. Iedereen kan zich daarvan vroeger of later bewust worden. Als we ons bezorgd of gedesoriënteerd voelen, lijden onder het maar al te bekende *'ik weet niet wat ik heb'*, doet een eenvoudige bezigheid als een kamer opruimen, de vaat doen die al een dag in de gootsteen ligt of paren sokken weer bij elkaar zoeken ons geweldig goed. Er bestaat namelijk een nauw verband tussen de wanorde die heerst in ons materiële interieur (onze woonplek) en ons psychische interieur (onze geest). Als we beginnen het eerste op te ruimen, volgt het tweede vanzelf. Een mooie uitspraak die uit de sociale media is geplukt vat dat heel goed samen: *'Tu nais toi quand tu nettoies ce qui n'est toi. [Je wordt jezelf als je opruimt wat je niet bent].'*

En Masuno Shunmyo concludeert: *'In de zen denken we dat niet het verwerven van nieuwe spullen de weg wijst naar geluk, maar juist het wegdoen van nutteloze dingen. Het gaat er niet alleen om de plek waar we wonen te ontdoen van die nutteloze dingen, maar we moeten ook ons hart ervan bevrijden. [...] Als we afscheid nemen van het nutteloze en weer terugkeren naar eenvoud, kunnen we het ik terugvinden dat we uit het oog verloren waren.'* Maar we mogen geen grondstoffen verspillen als we ons ontdoen van alles wat ons leven te vol maakt: Masuno Shunmyo, een trouwe volgeling van Boeddha, herinnert in zijn boek aan de deugden van wegschenken of recyclen. Hij benadrukt ook het feit dat opruimen een fysieke activiteit is waarmee je je lichaam in beweging kunt brengen, iets wat mensen met een zittend beroep, zoals de meesten van ons, hard nodig hebben. Als zenmonniken urenlang het grind harken in de droge tuinen van de tempels (*karesansui**) doen ze dat niet alleen om esthetische redenen. Ze voeren een spirituele oefening uit door middel van lichaamsbeweging. Dus stort je op het boek van meester Shunmyo om je te laten inwijden in de opruimtechnieken van zenmonniken (waardoor de zeer mediagenieke Marie Kondo is geïnspireerd) of begin gewoon door uit je luie stoel of bed te komen of waar je dit nu ook leest en ruim de rommelige hoek op waar je oog nu op valt. Dat is precies wat ik ga doen voor ik verderga met de redactie van dit boek.

Ikkyū
DE PROVOCATEUR

De verborgen schuilhoek van mijn mooie vriendin is een geurige narcis

'Ik ben gek van liefde voor de beeldschone Mori uit de hemelse tuin
Ik strek me uit op mijn ligbed, mijn tong op haar meeldraad.
Mijn mond vult zich met de zuivere geur die uit haar bron golft.
Als de schemering en de halfschaduwen van de maan verschijnen,
zingen we onze liederen en is de liefde altijd nieuw.'

Gedicht van Ikkyū

Ikkyū, die zichzelf 'Gekke wolk' of 'De blinde ezel' noemde nadat hij had verteld over de weg van de zeer wijze Dōgen, was een behoorlijk ondeugend type. Twee zenmeesters hadden niet meer kunnen verschillen dan deze twee! Aan de ene kant de strenge en onbuigzame hervormer van een afgedwaald boeddhisme, schrijver van de eerste in Japan geschreven filosofische boeddhistische tekst (de *Shōbōgenzō*) en stichter van een van de twee grote zenscholen (sōtō). En aan de andere kant een rondzwervende rinzai-monnik, dol op vrouwen en wijn en auteur van schitterende erotische gedichten zoals het gedicht aan het begin van dit hoofdstuk; hij zou uiteindelijk het meesterschap aan geen van zijn leerlingen overdragen. Met Ikkyū zien we voor het eerst de mens achter de meester. Dat was onmogelijk bij Bodhidharma, het mythische 'beeld van de commandant', of bij Dōgen, die in geen van zijn geschriften over zichzelf spreekt. Wat we van zijn leven weten hebben we van hagiografen die altijd geneigd zijn hun onderwerp te idealiseren. Dankzij de schaamteloosheid van Ikkyū, die zowel tot uitdrukking komt in zijn leven als in zijn werk, worden we deelgenoot van zijn twijfels, zijn problemen en zijn tegenstrijdigheden. Hij laat zien dat achter elke wijze een eenvoudig menselijk wezen steekt dat op de weg naar verlichting geconfronteerd wordt met de kwellingen van de *samsara**.

Maar ook al scheiden twee eeuwen Dōgen van Ikkyū Sojun, die werd geboren in 1394, ze hebben dezelfde bezieling. Net als Dōgen zal Ikkyū zich verzetten tegen de religieuze decadentie in zijn tijd *'door de spot te drijven met de enorme eetlust van de geestelijken, hun preutsheid, hun ijdelheid, hun voorliefde voor laster en hun fascinatie voor eerbetoon'.*[42] Als actievoerder avant la lettre begreep hij al snel dat macht, geld en hebzucht de meeste monniken uit zijn tijd had doen wegdrijven van de Weg, die weg der waarheid waaraan ze hun leven hoorden te wijden. Een andere overeenkomst tussen de twee meesters is hun adellijke afkomst. Ikkyū is hoogstwaarschijnlijk de onwettige zoon die keizer Gokomatsu verwekte bij een hofdame van de keizerin. Nadat de zwangere vrouw door de keizerin was verbannen, moest ze haar zoon toen hij vijf was achterlaten bij een zenklooster. Die contacten tussen de wereldlijke aristocratie en de religieuze, die aan het hoofd stond van de grote kloosters, zijn stevig verankerd in deze periode. Zoals ook gebeurde in middeleeuws Europa lijfde de religieuze aristocratie jongere leden van vorstelijke families in, evenals de vele buitenechtelijke kinderen die aan hen werden toevertrouwd; de laatsten

---

[42] Luc Boussard en Reikai Vendetti, *Pèlerinage chez les maîtres éminents.*

moesten wel plechtig beloven niet op een dag op te duiken om hun plek in de bloedlijn op te eisen. In het Japan van begin vijftiende eeuw hadden de rinzai-tempels het monopolie op de gunsten en vrijgevigheid van de *daimyos**. Het is dus niet verbazend dat Sojun, die toen nog niet Ikkyū heette, als vijfjarige door zijn moeder werd achtergelaten bij het Angoku-ji, het grote rinzai-klooster in Kyoto.

Hij had een moeilijke jeugd, waarin hij slachtoffer was van gewelddadigheden van zijn meesters en medeleerlingen. Er wordt zelfs gerept van seksueel misbruik in een kloosterlijk milieu waarin pedofilie schering en inslag was. Op zijn twaalfde trad hij toe tot het Kenen-ji, het beroemde klooster dat was gesticht door Eisai en deel uitmaakte van de *Gosai* van Kyoto. De Gosai, die rechtstreeks onder het gezag stond van de Shogun*, verenigde de vijf toonaangevende kloosters die rijkdom hadden vergaard door de machthebbers en waar de elite van de geletterde monniken zetelde. Al op zijn zestiende vuurde Sojun, begiftigd met een vroegrijp literair talent, zijn eerste pijlen af op de corrupte geestelijkheid in de vorm van een satirisch gedicht, een eerste stellingname onder de duizend die deze getalenteerde kaligraaf gedurende zijn lange leven zou maken:

'De dharma en de zen onderwijzen
met als doel roem te vergaren
en anderen te vernederen,
dat is wat me verstikt.

Als rede en ruimhartigheid ontbreken
rest er alleen nog een demonisch gevecht
en zal onwetendheid overwinnen.'[43]

Op zijn achttiende ontvluchtte Sojun dit rijk der onwetendheid en trok in bij een monnik-kluizenaar in een vervallen hutje. Hij leidde een ascetisch leven dat draaide om alledaagse taken; hiermee deelde hij het vaak ellendige lot van de boeren uit die tijd. Al na twee jaar kwam zijn meester te overlijden. Sojun bleef ontroostbaar achter en overwoog zelfs om een einde aan zijn leven te maken. Maar toen hij 22 was, sloot hij zich aan bij Kesō Sōdon, de abt van de machtige Daitoku-ji; deze uiterst strenge meester stond erom bekend dat hij zich verre hield van alle wereldse zaken. Sojun bleef tien jaar bij Kesō, die zijn verlichting bevestigde die was gekomen toen hij mediteerde in een bootje op het Biwameer en was gestoord door het plotse gelach van een kraai. Hij gaf hem ook zijn monniksnaam Ikkyū, wat 'een rustpauze' betekent. Maar ook Kesō stierf, nadat hij Ikkyū als zijn opvolger in de dharma had aangewezen. Daarop vertrok Ikkyū om door het land te trekken als een dolende monnik. 'De hemelse zwerver en losbandige heilige',[44] 'de blinde ezel', schepte er een geslepen plezier in om in Kyoto en zijn buitenwijken

---

43 Geciteerd in *Les Maîtres zen* van Jacques Brosse.

44 Luc Boussard en Reikai Vendetti, *Pèlerinage chez les maîtres éminents.*

langs te gaan bij zowel het adellijke hof als bedelaars, dronkaards of prostituees.

En hij schepte erover op in vele gedichten, waarbij hij ongetwijfeld zijn losbandigheid overdreef om 'die zen van roem en geld' des te beter belachelijk te kunnen maken en aan de kaak te stellen; de zen die destijds in staat was een hond verlicht te verklaren mits zijn baasje maar rijk genoeg was. Een halve eeuw later klaagde een zekere Maarten Luther op zijn beurt een katholicisme van roem en geld aan, gesymboliseerd door de handel in aflaten die was ingesteld door de pausen Julius II en Leo X om de bouw van de Sint-Pieter in Rome te financieren.

'Hoogdravende vragen en vergezochte antwoorden,
daarop hebben monniken het monopolie.
Rijke weldoeners en ambtenaren waken eeuwig over hun beloning.
Laat ik jullie zeggen, hooghartige vrienden van de wet,
dat een meisje van lichte zeden, bedekt met brokaat en goud,
meer waard is dat een ieder van jullie.'

Het is duidelijk: door te drinken en vrolijk naar de hoeren te gaan, dacht Ikkyū beter in de oorspronkelijke geest van de zen te handelen dan door te buigen voor de deugdzame voorschriften van een corrupte en hypocriete geestelijkheid. En als de instituten proberen hem weer binnen hun gelederen te halen door hem als

46-jarige de leiding over een hulptempel van de Daitoku-ji aan te bieden, zal hij er slechts tien dagen blijven voor hij zijn biezen pakt met achterlating van onderstaand gedicht.

'Tien dagen in deze tempel en mijn hoofd tolt!
De rode draad[45] *die naar mijn voeten loopt wordt alleen maar langer.*
Mocht je me in de toekomst ooit nog eens zoeken,
dan vind je me in een gaarkeuken, een taveerne, een bordeel.'

Deze neiging om te provoceren zal sommigen shockeren. Maar anders dan Dōgen, die zijn volwassen leven doorbracht in het Japan van het vredige Kamakura-tijdperk onder het regime van de Hōjō, leefde Ikkyū in de roerige Muromachiperiode, die werd gekenmerkt door talrijke gewapende schermutselingen en volksopstanden. Vanaf 1467 tot aan zijn dood in 1481 leed hij constant onder de Onin-burgeroorlog die Kyoto teisterde en de fraaiste tempels van de stad vernietigde. Zijn verzet tegen de machtigen, die achter deze gewelddadigheden zaten, werd alleen geëvenaard door zijn medeleven met de armelui die er als eersten onder leden. Hij had partij gekozen: die van de onterfden.

De ironie van het lot wilde dat hij in 1474, toen hij net zijn tachtigste verjaardag had gevierd, per keizerlijk

45 Hiermee bedoelt Ikkyū de band der vleselijke lusten.

decreet werd benoemd tot abt van de Daitoku-ji. Dit keer ging hij er niet vandoor. Integendeel. Hij beet zich vast in de restauratie van de half verwoeste tempel tot aan zijn dood op 87-jarige leeftijd. Bij deze taak werd hij bijgestaan door de beeldschone Mori, een veertig jaar jongere blinde musicienne op wie hij dolverliefd werd op zijn 77ste. Het is deze muze die zijn viriliteit nieuw leven inblies en aan wie hij het gedicht aan het begin van dit hoofdstuk opdroeg.

Wat nog het meest verbaast is dat deze wonderlijke figuur, die niet eens een opvolger koos, tot op de dag van vandaag een van de populairste zenmeesters in Japan is. Een veelbekeken tekenfilmserie uit de jaren zeventig van de vorige eeuw vertelt over de avonturen die hij beleefde toen hij als kind in de tempel woonde. In elke aflevering loste Ikkyū met intelligentie en humor de problemen van hulpeloze boeren of met hebberige kooplui op. Een paar jaar later verscheen in Frankrijk zelfs een manga[46] die onopgesmukt in vier delen het bewogen leven uitbeeldt van 'Gekke wolk'. En dan hebben we ook nog zijn gedichten en zijn nog steeds bewonderde kalligrafeerwerk, evenals 'Skelet', een prozagedicht waarin hij het boeddhistische idee van de leegte en het niets verkent en dat nu wordt beschouwd als een zenklassieker. We mogen evenmin

---

46 Hisashi Sakaguchi, *Ikkyū*, Glénat (Kaméha-reeks), en later uitgeverij Vent d'Ouest (beide edities niet meer verkrijgbaar).

voorbijgaan aan zijn bijdragen aan de bredere zencultuur. Hij bevorderde de tuinarchitectuur en was een van de voornaamste supporters van Sen no Rikyū, de grondlegger van de theeceremonie, en van Zeami Motokiyo, acteur, dramaturg en theoreticus van het No-theater. En als kers op de taart voor een dolende monnik die een groot deel van zijn leven honger als metgezel had, wordt aan hem de uitvinding van de *natto* toegeschreven. Dit gerecht op basis van gefermenteerde sojabonen is aantoonbaar goed voor de gezondheid en zou wel eens aan de basis kunnen hebben gelegen van zijn uitzonderlijk lange leven. Wie net als ik ooit natto heeft geproefd, zal misschien ook denken dat Ikkyū het beter bij poëzie en kalligrafie had kunnen houden in plaats van zich te storten op de kookkunst ...

Ooit liet prior Eshin een hert dat op een dag graasde aan de voorkant van zijn tuin slaan om het te verjagen. Iemand die daarbij aanwezig was vroeg hem toen: 'Meester, het lijkt wel of u geen enkel mededogen heeft. U kwelt dat dier door het gras te ontzeggen.'*

Daarop antwoordde de prior: 'Als ik het niet had laten slaan, zou het hert gewend zijn geraakt aan mensen en dan zou het zeker zijn gedood als het een slecht mens genaderd was. Daarom heb ik het laten slaan.'

Uit *Shōbōgenzō Zuimonki, Les Enseignements du maître zen Dōgen*, vertaald en becommentarieerd door Kengan D. Robert

Goed en kwaad

Wegens zijn buitensporige gedrag, zijn uitspattingen en zijn duidelijke afkeer van conventie spraken veel van Ikkyū's tijdgenoten schande van hem. Ook nu nog zal deze losbandige zuipschuit sommigen van jullie wellicht choqueren omdat hij in niets lijkt op het beeld dat we meestal hebben van een wijze meester. Het zou echter een vergissing zijn te denken dat alleen de meest deugdzamen onder ons voorbestemd zijn om een spirituele zoektocht te ondernemen. In feite zijn veel verlichte geesten hun leven begonnen in de diepste duisternis, net als de lotusbloem die groeit en bloeit in de modder. Milarepa vermoordde vijfendertig van zijn familieleden met behulp van zwarte magie vanwege een smerige erfeniskwestie voor hij de leerling en opvolger van Marpa en een van de populairste meesters van het Tibetaanse boeddhisme werd. Zenverhalen gaan vaak over berouwvolle dieven die leerling werden van een meester die zij ongestraft kaal dachten te kunnen plukken. Onze ellende, onze problemen, onze verlangens kunnen de vruchtbare aarde worden waarin we spiritueel tot bloei komen. En hoe rijker de aarde, hoe mooier en krachtiger de bloem. Volgens Shunryu

Suzuki*[47] moeten we ons zelfs dankbaar voelen voor dat onkruid in de geest omdat het uiteindelijk de praktijk verrijkt.[48]

Dat gezegde zijnde, ook in het boeddhisme speelt de kwestie van goed en kwaad een rol, net als in alle andere grote religieuze stromingen die hetzelfde gebod uitdragen: doe het goede en onthoud je van het kwade. Maar de zen vergunt zich vooraf deze vraag te stellen: kun je wel duidelijk onderscheiden wat goed is en wat kwaad? Kōdō Sawaki is hierover duidelijk:

> *'Goed en kwaad zijn theoretische en relatieve waarden die los van elkaar niet bestaan. [...] Er is geen goed zonder kwaad. Het is eenvoudig het karma van de mens dat zorgt voor dualisme en bepaalt wat goed is en wat kwaad.'*[49]

En hij voegt eraan toe:

> *'Doe het goede, zie af van het kwade. Dat lijdt geen twijfel. Maar het is moeilijker om precies te weten wat goed is en wat kwaad. Goed en kwaad gaan hand in hand.'*[50]

---

47 Zie het portret op blz. 206.

48 Shunryu Suzuki, *Esprit zen esprit neuf*, Points, Sagesses.

49 Kōdō Sawaki, *Le Chant de l'éveil, le Shōdōka commenté par un maître zen.*

50 Kōdō Sawaki, *À toi.*

Hoe moeilijk het is goed van kwaad te onderscheiden wordt uitstekend geïllustreerd door het hierboven weergegeven verhaal van prior Eshin en het hert. In eerste instantie lijkt het wreed om een hert te slaan. Toch getuigt de diepere reden erachter juist van een groot gevoel van medeleven. Een in onze ogen goede reden heeft niet per definitie ook goede gevolgen, een daad die we meteen afkeuren kan uiteindelijk positief uitwerken. Dus dreigt de verleiding, aangezien het zo moeilijk is om goed en kwaad te onderscheiden, dat we elke moraal verwerpen en maar doen wat we willen uit een soort nihilisme dat niet geheel belangeloos is. In het dagelijks leven kan dat leiden tot: *'Ik geef geen geld aan bedelaars omdat ze er drank of drugs voor gaan kopen'* of *'Ik heb mijn kind een flink standje gegeven omdat het niet mooi recht liep; het zal me er later dankbaar voor zijn ...'* Natuurlijk springen de waanzin en het misleidende karakter van dit soort redeneringen meteen in het oog.

Omdat goed en kwaad niet bestaan als vaste en onwrikbare waarden spreekt het boeddhisme liever over heilzame of schadelijke daden en wijst het naar de intentie waarmee iets gedaan is. De leer van Boeddha, samengevat in de drie zuivere leefregels, is heel duidelijk over dit onderwerp.

> *'Doe er alles aan opdat het kwaad niet opduikt.*
> *En als het toch verschijnt, breng het dan snel tot bedaren!*
> *Doe er alles aan opdat het goede gebeurt.*
> *En als het verschijnt, koester het dan.'*

De drie zuivere leefregels

- Doe geen kwaad of schadelijke dingen
- Doe goed en verricht heilzame daden
- Handel altijd voor het welzijn van alle levende wezens

Anders dan de monotheïstische religies die hun gelovigen een aantal vormen van gedrag verbieden (doden, stelen, begeren wat van een ander is, liegen enzovoort), verkondigt het zenboeddhisme geen enkel verbod en het kent evenmin de term zonde. Want heel anders dan de Tien Geboden die God aan Mozes gaf, zijn de leefregels van boeddhisten meer gedragsregels die zijn ingesteld door mensen, Boeddha of zijn volgelingen, om de gemeenschap in harmonie te laten leven. Deze leefregels, die vooral pragmatisch zijn, werken als aanbevelingen. En de gelovige die ze overtreedt is niet veroordeeld tot eeuwig branden in de hel. De befaamde Bijbelse opdracht 'Doe een ander niet wat je niet wilt dat jou geschiedt' zou voor eens en altijd de hele kwestie moeten regelen en een ongrijpbare gedragsregel moeten vormen. Maar het boeddhisme waarschuwt liever dat, ook al valt gemakkelijk te begrijpen dat je beter goed kunt doen dan kwaad, het juist een van de moeilijkst toepasbare dingen is in het leven van alledag. Dit wordt uitstekend geïllustreerd door het volgende verhaaltje.

'Een Chinese zenmeester[51] *placht zazen te beoefenen in een boom. Daarom had hij de bijnaam "Vogelnest" gekregen. Zijn reputatie als wijze bracht een minister van de keizer ertoe een lange reis te ondernemen om hem te ontmoeten en zijn lessen te volgen. Aangekomen bij de voet van de boom stelde de minister de rituele vraag:*

"Wat is de essentie van het boeddhisme?"

Boven in zijn boom antwoordde de meester:

"Doe geen kwaad, doe alleen maar goed.'[52]

Woest wierp de minister tegen:

"Houdt u me voor een idioot? Ik heb een lange tocht te paard gemaakt om u te kunnen spreken en dan zegt u iets wat een kind van vijf nog kan begrijpen!"

Daarop antwoordde de meester:

"Het is waar dat een kind van vijf het kan begrijpen, maar zelfs voor een grijsaard van negentig blijft het moeilijk het in praktijk te brengen."

Hierna wierp de minister zich ter aarde voor de boom.'[53]

---

[51] Het gaat om Tao Lin (Choka Dorin in het Japans) (741-824). In een andere versie van het verhaal figureert niet de minister van de keizer, maar de dichter Po Kiu-Yi, de gouverneur van de provincie waarin de tempel van meester 'Vogelnest' stond.

[52] Deze zin is gekalligrafeerd door Ikkyū; het werk is te bewonderen in de Shinju-antempel die door de meester werd gesticht in Kyoto.

[53] Anekdote ontleend aan *C'est encore loin l'éveil?* van Olivier Reigen Wang-Genh.

Het is dus alleen het positieve dan wel negatieve resultaat van een handeling waaraan getoetst kan worden of ze terecht was. Maar valt dat dan niet te voorzien? Er is misschien wel een criterium waaraan dingen kunnen worden afgemeten. In het vierde deel van de *Harry Potter*-saga bekijkt het personage Perkamentus het op zijn manier als hij het heeft over *'kiezen tussen het goede en het gemak'*. Want het is doorgaans gemakkelijker om het kwade te doen of gewoon na te laten het goede te doen, dan om een goede daad te doen zonder er belang bij te hebben. Het is gemakkelijker om een bedelaar voorbij te lopen en te doen of we hem niet zien, al is het met een zeker schuldgevoel, dan te stoppen om hem wat geld te geven en even bemoedigend toe te spreken. Hannah Arendt ontwikkelde in haar boek *Eichmann in Jeruzalem* het concept 'banaliteit van het kwaad'. Ze benadrukt daarmee het feit dat iemand eenvoudigweg een beul kan worden uit sociaal conformisme en gebrek aan een eigen wil. In Frankrijk behandelde de filosofe Laurence Devillairs onlangs hetzelfde thema in een lief boekje.[54] Volgens haar kiezen we er niet voor het goede te doen door zwakheid, gebrek aan inzicht of naïviteit. *'Goedheid is niet het onvermogen om gemeen te zijn; ze is de kracht die we erin steken om het goede te doen.'* Er is moed voor nodig om aardig te zijn, want het is dag in, dag uit werk zonder glans dat je steeds

54 Laurence Devillairs, *Être quelqu'un de bien. Philosophie du bien et du mal*, éditions PUF.

opnieuw moet doen: *'We zijn niet voor eens en altijd fatsoenlijk'* en *'Niemand zal fatsoenlijk zijn in onze plaats'*. Dan denken we onvermijdelijk aan het antwoord dat de monnik-kok Yung gaf aan de jonge Dōgen, die zich zorgen maakte toen hij de monnik zag zwoegen in de zon: *'Wat een ander doet, is niet door mij gedaan.'*

Iedereen op zijn zafu

Men verwijt meester Deshimaru, een van de belangrijkste verbreiders van het zenboeddhisme in het Westen, zijn duidelijke zwakte voor whisky zoals men dat ooit deed bij Ikkyū en zijn ongebreidelde liefde voor saké. Roland Rech, die een van zijn naaste leerlingen was, legt uit dat als de meester even gul was met whisky voor zijn gasten als voor zijn leerlingen, hij daarmee een sfeer wilde scheppen waarin maskers afgezet en barrières geslecht konden worden.[55] Daarmee zijn we weer bij een centraal thema beland in de boeddhistische moraal: niet de daad op zich is van belang, maar de heilzame of schadelijke gevolgen die ze heeft. De eerste Europeanen, vooral Fransen, die meester Deshimaru in de jaren zeventig van de vorige eeuw tot de zen bekeerde waren geen lieverdjes. Voortgekomen uit de *soixante-huitards* [een protestbeweging opgericht in 1968 die de wereld ging veranderen, vert.] zaten er veel rebellen en charlatans bij. Het is een feit dat het toestaan van alcohol menigeen de gelegenheid heeft geboden om van de drugs af te komen, terwijl een compromisloze houding ze waarschijnlijk met slaande trom had doen vertrekken. '*Jullie doen maar wat jullie willen,*' zei hij op een avond nadat hij hen de hele samu bomen had laten omzagen. '*Maar morgenochtend om halfzeven wil ik jullie allemaal op je zafu zien!*'

55 Roland Rech, *Zenmonnik in het Westen.*

Hoe kun je vriendelijkheid betrachten?

'Hij is aardig ...' zeggen we tegenwoordig vaak met een wat neerbuigend glimlachje over iemand die we ongevaarlijk, sympathiek en een beetje dom vinden. Een beetje van het genre knuffelbeer. Op het internet vind je heel wat tips om te voorkomen dat je in die categorie wordt ingedeeld: *'Hoe kom je van je aardigheidscomplex af?, 'De vijf-puntenmethode om je niet meer te laten uitbuiten', 'Waarom te lief zijn je leven kan verpesten', 'Waarom te aardig zijn je depressief kan maken'* enzovoort. Ook al is iedereen het erover eens dat we in een maatschappij leven waarin het steeds meer ieder voor zich is, het is alsof we het gevaar lopen elk moment een onbeheersbare aanval van vriendelijkheid te krijgen die onvermijdelijk tot onze ondergang zal leiden.

Zoals we al in het vorige hoofdstuk zagen verwerpt het boeddhisme elke dualistische gedachte. Het denkt op een ander niveau. Want als we beseffen dat er geen enkele scheiding tussen onszelf en de anderen bestaat, kunnen we alleen maar een authentieke vriendelijkheid voelen. In een van zijn boeken behandelt Albert Low uitvoerig twee basisteksten van meester Hakuin, *Het lied van zazen* en *Vier manieren om een verlichte ziel te herkennen*. Zijn uitleg is duidelijk: '*We hebben er moeite mee om het idee te aanvaarden dat wij een lot delen met de hele mensheid, met elk leven en elk wezen. Daar ligt de oorzaak van racisme, stereotypen en de mentaliteit van* wij tegen hen, *de ontkenning dat dieren een bewustzijn en rechten hebben, en uiteindelijk van oorlogen en conflicten.*'[56]

Vaak worden we in ons enthousiasme om anderen te helpen of met hen mee te voelen geremd door de angst dat we 'in de maling worden genomen', dat anderen misbruik van ons maken. Maar als ons enthousiasme belangeloos is, als er geen agenda zit achter de actie die we ondernemen om goed te doen, zullen we gelukwensen noch verwijten van anderen verwachten. Op de redactie van een tijdschrift waarvoor ik lang gewerkt heb, deelden alle journalisten, vormgevers, fotografen en redacteuren dezelfde kantine waarin de gootsteen vaak uitpuilde van de vieze kopjes en glazen, terwijl er gewoon ook een vaatwasser stond. En de enkeling die de moeite nam om er zijn kopje of glas in te zetten, zette dat vaak vooraan zodat de volgende (meestal de schoonmaakster die 's avonds langskwam) zich in allerlei bochten moest wringen om de rest van de vaat erin te zetten.

---

[56] Albert Low, *Dans la forge du maître Hakuin.*

Wel klaagde iedereen over de situatie en verweet de anderen dat ze alleen aan zichzelf dachten. Maar je kon op één hand de mensen tellen die naast hun eigen vaatwerk ook de tijd namen om dat van de anderen op te ruimen, vanuit de gedachte dat een kopje of glas gewoon vergeten was en niet uit schaamteloze onwil was blijven staan.

Met dergelijke kleine belangeloze gebaren die heel gemakkelijk in het leven van alledag kunnen worden ingebouwd, begeven we ons stap voor stap op het pad van Boeddha dat volgens Dōgen berust op vier principes: *dana*, het geschenk dat je belangeloos aan een ander geeft; *aigo*, de juiste manier van spreken die wil dat we ons zo behoedzaam tot alle mensen richten alsof ze onze kinderen zijn; *rygio*, wat betekent dat we elk wezen aandacht moeten schenken ongeacht zijn of haar maatschappelijke status en *doji*, de deugd om empathie te voelen en geen verschil te maken tussen onszelf en anderen.[57]

Ook Roland Yuno Rech onderstreept dit specifieke facet van de zen: *'In tegenstelling tot bepaalde spirituele benaderingen waarin spiritualiteit op een voetstuk wordt geplaatst boven de troebele wateren van zowel een alledaags als een groots leven, gebruikt de zen elk element uit het dagelijks leven, hoe nederig ook, als kans om de boeddhistische*

---

57 Ontleend aan *Dōgen, le fondateur de l'école zen sōtō* van Asuka Ryōko en Yann Aucante.

weg te bewandelen.'[58] Meester Deshimaru herhaalde op zijn beurt vaak: *'Het dagelijks leven is belangrijker dan zazen. We doen zazen maar een uur per dag. Er blijven dus nog 23 uur te leven over in diezelfde dag. Die 23 uur zijn belangrijker.'* Het is dus aan ons om, van alle kansen om het boeddhisme in praktijk te brengen die het leven ons onophoudelijk biedt, er zo veel mogelijk te benutten. Misschien heb je er zelf al een paar geïntegreerd in je leven zonder het te beseffen. Voor sommigen is koken, afwassen of strijken een corvee. Anderen zullen zeggen dat ze het leuk vinden en het hen ontspant. En jij? Welke taken in het dagelijks leven geven jou een sprankje geluk doordat je er jezelf mee kunt zijn? Zoek ze, vind ze en voer ze zo vaak mogelijk uit.

---

58 Roland Rech, *Zenmonnik in het Westen.*

Hakuin
DE ONVERBIDDELIJKE

Hakuin stond in de poort van zijn klooster toen een man de volgende vraag tot hem richtte:

'Bestaan hemel en hel echt?'

Hakuin nam hem misprijzend op en vroeg wie hij was.

'Ik ben een samoerai,' antwoordde de ander trots.

'Je beweert dat je een samoerai bent. Maar kijk eens naar jezelf. Je bent vies en oud, je wapenrusting is helemaal verroest. Het is maar de vraag of je je zwaard nog kunt gebruiken.'

Razend greep de krijger toen zijn wapen om het hoofd van zijn belediger af te slaan. Deze keek hem kalm aan en zei:

'Nu gaan de poorten van de hel open.'

'Bij die woorden gooide de samoerai zijn wapen weg en wierp zich voor de monnik ter aarde. Daarop zei Hakuin tegen hem:

'Nu gaan de poorten van het paradijs open.'

Zensprookje

Toen Hakuin Ekaku op 19 januari 1686 werd geboren in een klein dorp aan de voet van de Fuji, was de rinzai-zen al sinds de veertiende eeuw in een neerwaartse lijn van decadentie beland. En dat ondanks de pogingen van Ikkyū in de vijftiende en van Bankei in de zeventiende eeuw om de zen zijn oorspronkelijke zuiverheid terug te geven. Hij groeide op in een familie van lagere adel, met een vader die samoerai was en een heel vrome moeder die de nichiren-sekte* aanhing. Hakuin woonde het grootste deel van zijn leven in de bescheiden tempel in zijn geboortedorp die hij had gerestaureerd. Maar toen hij er de dag na zijn 83ste verjaardag stierf, liet hij een uitzonderlijk literair en artistiek oeuvre na, evenals 91 trouwe volgelingen die het voortbestaan van zijn leer garandeerden. Zijn invloed was zo groot dat hij tot op heden wordt beschouwd als de vader van de moderne rinzai. Hij geldt als even belangrijk als Dōgen in de sōtōgeschiedenis.

Dankzij zijn omvangrijke literaire oeuvre, met name de autobiografische schets die hij maakte op zijn tachtigste en het testimonium dat zijn leerling Tōrei Enji schreef, is Hakuin Ekaku de eerste zenmeester over wiens leven we een en ander weten en die we stap voor stap kunnen volgen op de lange en zware weg richting verlichting. Hij houdt niets achter van zijn kwellingen, zijn existentiële angsten, zijn twijfels over de juistheid van zijn roeping en zijn dwalingen. Maar de belangrijkste les die hij ons leert gaat over wil en doorzettingsvermogen.

Zijn onverzettelijke karakter zou volgens de Chinese astrologie samenhangen met het feit dat hij werd geboren in het jaar van de buffel, in de maand van de buffel, op de dag van de buffel en in het uur van de buffel,[59] waarbij hij de naam Iwajiro kreeg: 'jongen van steen'. Zijn jeugd werd getekend door zorgen en de angst voor de dood. Hij vertelt dat hij als klein kind op een dag een bad nam met zijn moeder en de meid het vuur opstookte. Toen het water ineens heel heet werd, meende hij het voorportaal van de hel te betreden en sprong brullend het bad uit. Later probeerde hij zijn reactie uit te leggen aan zijn moeder.

> *'Moeder, u begrijpt het niet. Ik kan niet in het bad stappen zonder dat mijn knieën knikken en mijn bloed stolt. Hoe zal het zijn als ik in mijn eentje het hellevuur moet trotseren? Wat zal ik doen? Is er een manier om eraan te ontkomen? Moet ik rustig gaan zitten wachten op de dood?'*[60]

---

59 Naar Erik Sablé, *Hakuin, le secret de la contemplation*, Dervy, Chemins de sagesse.

60 Jacques Brosse, *Les Maîtres zen*.

Die angst voor de dood en de hel bracht Iwajiro ertoe zich als vijftienjarige tot monnik te laten wijden door de abt van de Shoen-ji, de kleine tempel in zijn geboortedorp. Toen zijn hoofd kaal was geschoren kreeg hij de naam Ekaku, oftewel 'schedel van wijsheid'. Maar zelfs de toetreding tot de orde kon zijn angsten niet wegnemen. Deze werden juist aangewakkerd toen hij op zijn negentiende het tragische verhaal las van een groot tch'an-meester uit de negende eeuw, Yen-T'eou. Deze meester was alleen in zazen achtergebleven om het op te nemen tegen rovers die zijn klooster waren binnengevallen en werd door een van zijn belagers met een lans doorboord. Daarop slaakte hij zo'n vreselijke kreet dat die in de wijde omtrek te horen was. Hoe was het mogelijk dat zo'n vermaarde meester zo weinig zelfbeheersing had getoond bij zijn dood? Wat had het voor zin een leven lang zen te beoefenen om dan aan het eind zo'n blijk van zwakte te geven? Ekaku wist geen antwoord op deze tegenstellingen en overwoog zelfs om weer als leek verder te gaan. Deze moedeloze periode zou uiteindelijk toch heilzaam blijken omdat hij haar gebruikte om zich de kalligrafie en de Chinese schilderkunst eigen te maken. Het werd de basis voor een groot artistiek oeuvre. Zijn obsessie voor de hel, die hij een groot deel van zijn leven gehad moet hebben, komt overigens terug in zijn werk, waarin het wemelt van de demonen.[61]

[61] Luc Boussard en Reikai Vendetti, *Pèlerinage chez les maîtes éminents.*

Op zijn 22ste beleefde de toekomstige Hakuin zijn eerste verlichting aan het eind van een intensieve zazenweek. *'Mijn trots rees op als een enorme berg, mijn eigenwaan zwol aan als een vloedgolf,'* herinnerde hij zich. Want anders dan vaak wordt gedacht verdwijnen de illusies en gebreken van een mens niet als bij toverslag wanneer die verlichting bereikt. Toen Hakuin naar Dōkyō Etan ging, een oude kluizenaar die bekendstond om zowel zijn wijsheid als zijn strengheid, en pochte op wat hij bereikt had, zette de oude man de verlichte leerling snel op zijn plaats. Hij pakte Hakuins neus en draaide die hard om, waarmee hij het gesprek afkapte met *'arme duivel die gevangen zit in het gat'*. Een andere keer gaf hij hem een pak rammel terwijl hij zijn zogenaamde verlichting belachelijk maakte. In de zes maanden die hij bij Etan bleef onderging Hakuin de ene vernedering na de andere. De oude man weigerde hardnekkig zijn satori te bevestigen en greep de geringste aanleiding aan om zijn vuisten te gebruiken. Tot Hakuin op een mooie dag liep te bedelen in de stad en een behoorlijke klap op zijn hoofd kreeg met de bezem van een marktkoopman die hem niet meer voor zijn kraam wilde zien. Dat was zijn tweede verlichting, deze keer wel bevestigd door Etan, die hem liet beloven zich nooit meer tevreden te stellen met middelmatige prestaties. Want zijn hardvochtigheid had maar één doel gehad: de arrogantie van Hakuin te breken en hem nederigheid bij te brengen. Deze les zou de ontvanger ervan goed onthouden en op zijn 71ste verwoordde hij haar in het gedicht dat hij schreef bij zijn zelfportret als volgt:

> *'Met misprijzen bekeken door duizend boeddha's in het rijk der boeddha's.*
> *Gehaat door alle demonen in de wereld der demonen.*
> *Dat kale hoofd, blind en stinkend,*
> *verschijnt weer op een vel papier. Verdorie!!!'*

En als het niet de geest is die mistig wordt, dan laat het lichaam het wel afweten. Twee jaar nadat hij door Etan was erkend, wat hem er niet van had weerhouden zich onophoudelijk te wijden aan zazen en koans, werd Hakuin ernstig ziek. Hij leed aan 'de ziekte van de mediterende': een zenuwinzinking die toeslaat bij mensen die de neiging hebben hun geest te zwaar te belasten ten koste van hun lichamelijke gezondheid. Behandeld door een mysterieuze taoïstische genezer leerde hij om het onderste deel van zijn lichaam te vullen met spirituele energie om zijn *hara** te versterken. Dankzij deze methode, die hij daarna introduceerde in de zen, werd hij weer gezond. Er wordt zelfs gezegd dat hij nooit meer ziek werd, zelfs niet op hoge leeftijd en ook al droeg hij zelfs in de winter kousen noch sokken. Een andere wezenlijke bijdrage van Hakuin is het systematisch gebruikmaken van koans, die hij ook integreerde in de zittende meditatie, als manier om tot verlichting te komen. Koans zijn korte, op het oog absurde zinnen die de meester zijn leerling opgeeft om erop te mediteren. Ze dienen om te breken met het logische denken dat verloopt via opeenvolgende redeneringen in plaats van een beroep te doen op de intuïtie. Van de zeventienhonderd bekende koans worden er doorgaans vijf- of zeshonderd gebruikt door de zenmeesters van de rinzai-school, zoals de bekende 'Welk geluid maakt één enkele hand die applaudisseert?' die we danken aan Hakuin zelf. Deze koans zijn ingedeeld op moeilijkheidsgraad (de hiervoor geciteerde hoort tot de gemakkelijkste koans voor beginners!) en de beoefenaren kunnen er maanden of zelfs jaren over doen om ze te begrijpen en op te lossen voor ze de volgende aangereikt krijgen. Deze instrumentjes om de geest te verlichten worden echter niet gebruikt door de sōtō-school, waarin de meditatie zonder doel niet a priori is gericht op de satori.

In het begin van het jaar 1717, toen hij 31 was, keerde Hakuin terug naar de Shoen-ji, de kleine tempel in zijn geboortedorp, en zou er niet meer weggaan tot zijn dood. Hij wijdde zich volledig aan het onderwijzen, leidde talrijke leerlingen op en voerde een uitgebreide briefwisseling met leken. Hij wilde een zen verbreiden die toegankelijk was voor iedereen en niet alleen voor een maatschappelijke of religieuze elite. Overigens was hij van mening dat de samoerai dankzij hun moed en doorzettingsvermogen beter geschikt waren om zen te beoefenen dan monniken. Zijn beroemdste werk, *Orategama*, is gericht tot de heer Nabeshima en niet tot een monnik. Hij benadrukt in dit werk vooral het feit dat de zen niet alleen beoefend moet worden als we ons terugtrekken uit de wereld, zoals monniken doen in een klooster of kluizenaars in de natuur, maar ook centraal moet staan bij wat we doen in het dagelijks leven. Hij spoort arbeiders aan om te mediteren en monniken om met hun handen te werken. In de Shoen-ji bleef Hakuin ook onophoudelijk schilderen en kalligraferen. Net als de beroemde schilder van stempels Hokusai, die negen jaar voor Hakuins dood werd geboren, was de laatste bijzonder productief in de laatste jaren van zijn leven. Tussen zijn 80ste en 83ste schilderde hij meer dan in de hele periode daarvoor.

Met een bijtende humor die zijn leerlingen vreesden, kon hij het op een morgen niet laten om de dokter, die hem na een onderzoek verzekerde dat alles in orde was, te wijzen op het volgende: *'Aangezien u niet eens in staat bent om drie dagen van tevoren de dood te voorzien, vraag ik me af waarom u zich dokter durft te noemen.'*[62] Drie dagen later, op 18 januari 1769, sliep Hakuin vredig in, een dag na zijn 83ste verjaardag.

---

62 Jacques Brosse, *Les Maîtres zen.*

De satori van tafelvoetbal

We hebben veel gezegd over verlichting (satori in het Japans) in dit aan Hakuin gewijde hoofdstuk. Maar wat is verlichting? Het is 'de levendige ervaring van de onafscheidelijkheid van het ik en de wereld en de eenheid van alle dingen' volgens Olivier Reigen Wang-Genh,[63] die een stukje verder uitlegt dat het mahāyānna-boeddhisme (en dus ook de zen) verlichting ziet in twee dimensies: de *hongaku*, de oorspronkelijke verlichting die in ons is omdat de natuur van de Boeddha ons is aangeboren maar die we niet zien omdat we worden verblind door ons persoonlijke bewustzijn, en de *shikaku*, de verlichting die bereikt kan worden door zazen te beoefenen, door studie en door de lessen van meesters. Verlichting kunnen we, onverwacht en onverhoeds, ervaren tijden de zazen, maar ook in het dagelijks leven. In dat opzicht is het een niet beter dan het ander, want verlichting verschilt van persoon tot persoon en is per definitie subjectief.

Persoonlijk heb ik een dergelijke ervaring gehad bij een duivels partijtje tafelvoetbal tijdens een driedaagse *sesshin**. Opeens verloor ik, die altijd elke wedstrijd wil winnen, het hele potje lang elk besef van winst of verlies. Of ik nu won of verloor was totaal niet meer belangrijk voor me. En

63 *C'est encore loin l'éveil?*

bevrijd van die uitdaging voelde ik een paar minuten lang een van die 'enorme vreugden', die vreugde die je 'doet dansen van plezier'; het was de ervaring waarop Hakuin doelt als hij zijn vele verlichtingen beschrijft. Het wierp me terug in de zoete en onschuldige opgetogenheid uit mijn jeugd.

Maar ik vertel er meteen bij dat ik nooit een meester heb gevraagd deze heel prozaïsche satori te erkennen. Mijn neus is heel gevoelig en ik moet er niet aan denken dat iemand hem omdraait!

Een leerling vroeg aan zijn meester hoelang het zou duren voor hij verlichting kon bereiken.

'Ongeveer vijftien jaar,' zei de meester.

'Wat? Hoezo vijftien jaar?' riep de leerling uit.

'Goed. In jouw geval zal het misschien wel vijfentwintig jaar duren ...'

'Zal het vijfentwintig jaar duren?!'

'Bij nader inzien zal het eerder vijftig jaar duren.'

Geciteerd door Philip Kapleau (oprichter van het Rochester Zen Center) in *365 jours zen.*

Vastberadenheid, doorzettingsvermogen en geduld

Het leven van Hakuin Ekaku laat het belang van de drie gelijkwaardige deugden in de zen goed zien: vastberadenheid, doorzettingsvermogen en geduld. Het zijn drie heel nuttige karaktereigenschappen voor wie wil leren de weg te volgen, mits ze met beleid worden toegepast. We zagen al dat te veel nadenken bij de meditatie Hakuin depressief maakte voordat een taoïstische meester hem leerde wat minder met zijn hoofd en wat meer met zijn lichaam te werken. *'In alle dingen moet men zijn gezond verstand gebruiken,'* leert een volkswijsheid ons. In de klassieke oudheid werd overmaat (*hubris* in het Grieks) beschouwd als een van de ergste fouten die door de goden werd bestraft. Meester Deshimaru zei eenvoudig: *'Too pure, no good'* om zijn leerlingen te waarschuwen voor een overmaat aan ijver in de zoektocht naar perfectie. De Daruma-pop, het in Japan populaire speeltje dat ik al noemde in het hoofdstuk over Bodhidharma, symboliseert de deugden stabiliteit, geduld en volharding. Want hoe je ook probeert om het speeltje omver te duwen, het komt altijd terug in de beginpositie. '*Zeven keer neergeworpen, acht keer opgestaan,*' zegt een Japans spreekwoord.

Dat gezegd zijnde, we moeten dag in, dag uit met zen bezig zijn en daarvoor zijn vastberadenheid en doorzettingsvermogen nodig. Dit zijn cultwaarden in Japan. Zoals Soko Morinaga terecht zegt: '*In het Japans bestaat het woord dat wij vertalen als vastberadenheid uit twee karakters die respectievelijk 'boos zijn' en 'inademing' betekenen. Die woede is tegen niemand anders dan jezelf gericht. Verontwaardigd over je zwakte en je bewust van je onvolwassenheid, gebruik je je inademing als een gesel. Daaruit bestaat vastberadenheid.*'[64] En ook al zou het tegenwoordig (andere tijden, andere zeden ...) in geen enkele beoefenaar opkomen om, zoals de Chinese meester uit de elfde eeuw Chi-chuang Tchou-Yuan, van wie Hakuin een bewonderaar was, een etsnaald in zijn dij te steken om niet in te slapen tijdens de zazen (of zijn oogleden af te snijden zoals Bodhidharma), bij zonsopkomst opstaan om voor een muur te gaan zitten vraagt inspanning. We leven in een maatschappij waarin we 'alles meteen' willen, die alleen nog vraagt om vastberadenheid en doorzettingsvermogen bij profsporters, kunstenaars en een paar verdwaalde avonturiers voor wier prestaties we geacht worden te klappen. Maar als we denken aan prestaties die echt geluk in ons leven hebben gebracht, dan zullen dat vast en zeker

---

64 *Face à mon incommensurable stupidité*, Le Courrier du livre.

dingen zijn die de meeste volharding en doorzettingsvermogen hebben gevraagd: een kind opvoeden, zorgen voor dierbaren, iemand die het moeilijk heeft helpen enzovoort. Tegenwoordig probeert men ons wijs te maken dat we een vreemde taal in drie weken kunnen leren dankzij een wonderbaarlijke app, dat we het kunnen maken in de showbizz dankzij een televisieprogramma of dat we weer jong kunnen worden door een paar injecties of een paar sneden met een scalpel. Beloften van de commercie die mensen niet gelukkig maken, maar verbitterd en ontgoocheld achterlaten als ze merken dat ze bedrogen zijn. We blijven het begrip inspanning maar afkraken, terwijl we maar al te goed weten dat elke verandering om inspanning vraagt. Die inspanning kan heel leuk zijn; denk maar aan het plezier dat we kunnen beleven aan de beklimming van een berg, het instuderen van een nieuw muziekstuk of ... aan zazen doen. En ook al is de inspanning soms pijnlijk, dat is niet heel erg. Een student van Robert Baker Aitken, zenleraar en Amerikaans vredesactivist, verklaarde: *'Wat zo geweldig is aan het beoefenen van zen, is dat je het moet doen, of je nu wilt of niet.'* Net als je kinderen opvoeden, voor het welzijn van je gezin zorgen, een levend wezen dat lijdt helpen enzovoort.

En dan is er nog het geduld, een deugd die centraal staat in het boeddhisme omdat ze hoort bij de zes *paramitas*, oftewel de zes 'perfecties', de zes manieren waarop we onze eigen gehechtheden en bronnen van illusie en leed kunnen overstijgen. Volgens Boeddha is het *'het grootste aller gebeden'*, volgens Mohammed *'de sleutel tot welzijn'*, volgens gezond westers verstand *'de moeder aller deugden'*. De pandemie die ons in 2020 trof was overigens voor sommige mensen een gedroomde kans om opnieuw deze deugd te oefenen die alle religies zo prijzen. Natuurlijk hoefden wij niet zoals Bodhidharma negen jaar voor een wand in een grot te blijven zitten, maar we waren een paar maanden aan huis gekluisterd. Op deze manier ontsnapt aan de maalstroom van het moderne leven, hebben sommigen een andere levensritme kunnen vinden en weer contact gemaakt met hun diepere wezen. Ze hebben de tijd genomen om te bekijken hoe ze leefden en misschien zich bewust te worden van bepaald schadelijk gedrag tegenover hun naasten, de planeet of gewoon zichzelf. Misschien hebben ze zelfs, naar het voorbeeld van de grote wijzen, geleerd om niets te doen ...

De zes paramitas

- Geduld
- Gulheid
- Moraal, deugd
- Energie, ijver
- Concentratie
- Wijsheid

Voor het boeddhisme in het algemeen en de zen in het bijzonder is geduld de manifestatie van concentratie en zelfbeheersing tegenover de natuurlijke hectiek van de wereld. We kunnen het eigenlijk alleen zonder die deugd stellen als we handelen zonder doel of winstbejag (mushotoku). Als het doel waarop we wachten als bij toverslag verdwijnt, is het ongeduld ineens ook weg. Waarschijnlijk hebben we allemaal wel eens ervaren dat een treinreis die lang en saai beloofde te worden, in een oogwenk voorbij leek dankzij een boeiend boek. Of dat die eindeloze rij bij de kassa uiteindelijk te kort bleek om te zeggen wat je wilde tegen de charmante persoon die voor je stond. Wanneer je je doel vergeet, valt meteen op hoe relatief tijd is. Zazen is overigens een uitstekende manier om geduld te oefenen. Je merkt al snel dat als je ongeduldig op het eindsignaal wacht, je je tintelende benen moet strekken, de tijd langer lijkt en de pijn erger. Daarentegen is het meestal voldoende om je te concentreren op je ademhaling en het hier en nu om de tijd weer te laten verstrijken zonder dat je je ervan bewust bent.

In feite is geduld niet het vermogen om te wachten, maar om positief te blijven terwijl je wacht. Shunryu Suzuki zegt het heel duidelijk: *'Doorgaans vertalen we het Japanse woord* nin *als geduld. Maar standvastigheid zou beter zijn. Je moet jezelf dwingen om geduldig te zijn, maar standvastigheid vergt geen bijzondere inspanning. Het is het stabiele vermogen om de dingen te aanvaarden zoals ze zijn.'*[65] Want ongeduld is vooral een manifestatie van het ego. We vinden het vervelend om in de rij te staan als we denken dat onze tijd kostbaarder is dan die van de mensen die voor ons staan te wachten voor een loket of in de file op de snelweg. In die zin is het beoefenen van zazen een oefening in geduld, die erop gericht is het ego los te laten om zo gelijkmoediger te worden. Gelijkmoedigheid is het vermogen om te onthechten en kalm elk gevoel of denkbeeld, hoe plezierig of onplezierig ook, te accepteren. Tegenwoordig spreken we (soms al) te vaak over 'loslaten'.

---

65 Shunryu Suzuki, *Esprit zen, esprit neuf.*

Hé, wat naai je daar? (2)

Ik vertelde je al eerder hoe ik in de klauwen van de zen ben gevallen: omdat ik een vriend vroeg naar zijn redenen om naald en draad ter hand te nemen. Een paar jaar later heb ik me eveneens gewijd aan het naaien van een *rakusu* en daarna van een kesa. Want een zenmonnik wordt geacht een rakusu (een minikesa met vijf stroken en voorzien van schouderbanden) te bezitten die hij omhangt aan tafel, op reis of tijdens lichte samu's (je mag hem afdoen als je een boom gaat vellen of drie kuub beton gaat storten ...); verder een grote kesa met vijf stroken die hij draagt tijdens de zazen en een tweede grote kesa met zeven stroken die wordt gedragen bij ceremonies. Natuurlijk kun je deze attributen kant-en-klaar kopen door ze uit de catalogus te bestellen in Japan, maar Europese zazenbeoefenaren naaien ze meestal liever zelf. Het naaien van een kesa is namelijk een uitstekende hulp bij meditatie en een geweldige leerschool voor geduld en doorzettingsvermogen. Het kost tientallen uren, zelfs maanden werk om een grote kesa te voltooien.

Onlangs had ik op dit gebied een ervaring die, hoe banaal ook, behoorlijk vervelend was: een van de naaidocenten van de tempel van La Gendronnière ontdekte dat de bijna voltooide kesa met zeven stroken die ik vol trots aan haar liet zien, verkeerd om in elkaar gezet was. Dat betekende een week werken voor niets ...

Op dit soort momenten worden onze vastberadenheid, ons doorzettingsvermogen en ons geduld op de proef gesteld. Of we verliezen ons in zelfverwijt (wat ben ik een stommeling!), of we maken anderen verwijten (waarom vindt ze dat zo belangrijk; behalve zij ziet toch niemand het) en dan geven we het op, teleurgesteld en een tikkeltje schuldbewust (ik heb er toch al een met vijf banen). Of we zeggen tegen onszelf dat het gaat om de beoefening en dat de weg die naar het doel leidt telt, niet het doel zelf. En dan gaan we weer aan het werk.

Die keer heb ik gekozen voor de veeleisende weg en daar heb ik nooit spijt van gehad. Andere keren, onder andere omstandigheden, koos ik voor de gemakkelijke weg en had daar vaak spijt van ...

Hoe kun je geduld betrachten?

Denk aan alle keren in je leven dat je je geduld verloor en toegaf aan irritatie of woede, dat je de raad van de beste Jean de la Fontaine vergat, die in de fabel *De leeuw en de rat* verklaarde dat *'geduld en tijd meer effect hebben dan kracht of woede'*. Dat heb ik zelf talloze malen ervaren, want ongeduld is een van mijn grootste ondeugden. Nog steeds heb ik, ondanks jaren mediteren, net zo veel moeite om in de rij te staan, vooral als het erom gaat iets te eten te halen. Verzotheid op lekker eten is namelijk een van mijn andere zwakke punten. Op die momenten probeer ik een methode toe te passen die ik heb geleerd van een bevriende non en zenboeddhist, Kankyo Tannier. In een schattig, in 2018 verschenen boekje[66] raadt ze ons aan om wat spiritueels in ons dagelijks leven te brengen.

Deze methode heet in het Japans '*susoku*'.[67] Ze bestaat eruit dat je in een omgeving waarin je je heel

[66] Kankyo Tannier, *À la recherche du temps présent*, éditions First.

[67] De ene meester raadt deze techniek aan voor beginners in de meditatie, de andere raadt haar af.

geagiteerd of gestrest voelt (een eindeloze rij voor een uitnodigend buffet bijvoorbeeld), je aandacht richt op je ademhaling en gaat tellen: je ademt van 0 tot 10 in en dan van 10 tot 0 weer uit. Door dit twee of drie keer te doen, centreer je jezelf weer en schep je afstand tussen je geest en de hectiek van de buitenwereld die ons onrustig maakt.

Het lijkt een heel suffe truc, maar, zoals de eerbiedwaardige 'Vogelnest' die ik eerder in dit boek heb geïntroduceerd zou zeggen: *'Het is waar dat een kind van vijf het kan begrijpen, maar zelfs voor een grijsaard van negentig blijft het moeilijk in praktijk te brengen.'*

We worden geboren door in te ademen en we sterven door onze adem uit te blazen. Meester Hakuin, wiens portret ik net geschilderd heb, schreef de *Yasenkanna* toen hij 73 jaar was. Daarin vertrouwde hij ons zijn *'geheimen van het eeuwige leven en voor een hoge levensverwachting'* toe en benadrukte hij het belang van een goede buikademhaling om gezond te blijven: *'De kunst om lang te leven is gewoon de methode om het vuur uit de geest (*shinka*) te laten dalen tot onder de navel (*kikaitanden*) om die te vullen met* ki *(energie).'*[68] Wanneer je elke dag je geduld verliest, het vuur in je geest je overweldigt, kun je niets beters doen om weer kalm te worden dan je concentreren op je ademhaling. Alle technieken om te ontspannen of met stress om te gaan,

---

[68] Vertaling van Asuka Ryoko in zijn boek *La Longévité selon le zen*, L'Harmattan, 2006.

zoals hartcoherentietraining, berusten op beheersing van de ademhaling. Want ook al halen we volgens Hakuin gemiddeld 13.500 keer adem in vierentwintig uur, dat doen we doorgaans onbewust. Alleen de wisselvalligheden van het leven, een plotselinge angst, een sprint om de bus te halen, liefde op het eerste gezicht of een grote ergernis, versnellen onze ademhaling en herinneren ons aan het bestaan ervan. Door aan zazen te doen, dat ons aanspoort om op onze ademhaling te letten, krijgen we de kans om ons volledig bewust te worden van het feit dat we ongelooflijk veel geluk hebben er te zijn, in het hier en nu en springlevend.

Ryōkan
DE MONNIK MET HET HART VAN EEN KIND

Op een dag bracht iemand die de aanblik van Ryōkan die werd opgegeten door muggen niet meer kon verdragen, hem een klamboe. Ryokan bedankte hem hartelijk, hing de klamboe op en maakte zich op om te gaan slapen. [...] Een paar dagen later liep een boer 's morgens heel vroeg langs het verblijf van de kluizenaar. Hij zag dat de klamboe was opgehangen, maar tot zijn verbazing ook dat er een bloot been uit stak.

'Ryōkan sama, waarom laat u uw been buiten de klamboe steken? Het zal worden opgevreten door de muggen!'

'Natuurlijk! Natuurlijk, maar gelukkig heb ik aan de muggen toestemming gevraagd of ik hun slechts een enkel been mocht geven! Zij moeten immers ook leven.'

Ontleend aan *Contes zen, Ryōkan le moine au cœur d'enfant* van Claire S. Fontaine

Van alle zenmeesters in dit boek wilde ik jullie het liefst Ryōkan voorstellen, want voor hem voel ik de meeste sympathie. En ik ben niet de enige die is gevallen voor de charme van deze vriendelijke dromer, die overloopt van tederheid voor alle levende wezens. In Japan is hij uiterst populair, vooral onder kinderen, die hem al heel jong ontdekken dankzij het boek *Ryōkan Samatte donna hito*,[69] met op het omslag een houten beeldje van de goede monnik, gekleed in de traditionele zwarte kolomo, die door twee kinderen wordt geduwd en meegesleept om met hen te spelen. Want *'als je in Japan de naam Ryōkan noemt, komt bij mensen meteen het beeld op van een monnik die een balspel doet met kinderen,'* waarschuwt Claire S. Fontaine, die het kinderboek vertaalde en er een schitterend portret van de 'grote argeloze' uit destilleerde.[70] Daartoe mengde ze handig historische elementen en legenden. Ryōkan is de levende incarnatie van een van de vier gemoedstoestanden die Boeddha aanmoedigt: empathische vreugde.[71]

[69] Letterlijk 'Wie was meneer Ryōkan?'

[70] Claire S. Fontaine, *Contes zen, Ryōkan le moine au cœur d'enfant*, Le Courrier du livre.

[71] De drie andere zijn goedheid, mededogen en gelijkmoedigheid

'Ryōkan was een zenmonnik uit de sōtō-school. Zijn hutje, dat in een dorpje in het noorden van Honshu stond, keek uit op de Japanse Zee. Voor de gemiddelde mens leek hij niet goed bij zijn hoofd en een dromer. Hij miste wat we gezond verstand noemen, iets wat de meeste gewone mensen meestal in ruime mate bezitten. Toch was Ryōkan erg geliefd en genoot hij groot respect bij zijn naasten. Hij hoefde maar ergens op te duiken om een eind te maken aan alle ruzies en meningsverschillen die ons leven verstoren.'

Dit korte portret van Ryōkan is geschetst door D.T. Suzuki, een van de meest toonaangevende zendeskundigen. Dit eerbetoon is interessant omdat het wordt verleend door een uiterst intellectueel man die van sommige zenpuristen het verwijt krijgt dat hij de praktijk te conceptueel benadert. Welnu, ten behoeve van een zo compleet mogelijke studie kopieerde Ryōkan met zijn eigen penseel de Chinese klassieken en tal van boeddhistische teksten, zoals de beroemde *Shōbōgenzō* van meester Dōgen, en voorkwam zo dat ze in vergetelheid raakten. Maar bovenal onderwees hij de zen door het voorbeeld van zijn leven in direct contact met mensen in plaats van met woorden. De enige geschriften die hij zelf heeft nagelaten zijn gedichten, met name zijn haiku's, korte gedichten van zeventien lettergrepen die de verlichting van de dichter ten opzichte van de simpele zaken des levens tot uitdrukking brengen.

Ryōkan leefde in de achttiende eeuw. In 1789, toen in Franrijk de revolutie uitbrak, was hij 31 en werd hij benoemd tot shusso van de tempel van Entsū. Wat had hem ertoe gebracht een 'loopbaan' als monnik te omarmen? Ongetwijfeld omdat hij al heel jong totaal niet bleek te beantwoorden aan wat zijn familie en naasten van hem verwachtten. Dit 'lelijke eendje', dat in 1758 was geboren in een dorp ten noorden van de Japanse Zee, was de oudste zoon van een zekere Myoshu. Onder het bestuur van de shogun vervulde Myoshu net als zijn vader en diens vader voor hem het ambt van burgemeester en belastinginner. Helaas voor de vader en gelukkig voor de zen ontwikkelde het kind, dat bij zijn geboorte de naam Eizo (letterlijk 'platte zolder') had gekregen, zich lichamelijk snel, maar verstandelijk langzaam. De grote slungel die geacht werd zijn vader bij te staan bij diens administratieve werk, stapelde de ene blunder op de andere. Hij vond niets beters te doen dan de stokken van de draagstoel van een machtig ambtenaar te laten afzagen zodat ze aan boord pasten van een boot die hem naar het eiland Sado bracht. Ook bleek hij niet in staat een geschil te regelen tussen de vissers van Izumosaki en de bestuurder van de streek. De jonge Eizo, die op zijn dertiende de naam Fumikata had aangenomen bij de *Genpuku*-ceremonie ('het plaatsen van de hoed') als teken dat hij volwassenheid had bereikt, had een overgevoelige aard en zijn onhandigheid was legendarisch. Hij werd het lachertje van het dorp en kreeg de bijnaam 'lantaarn die overdag brandt'.

Maar op een dag werd een plunderaar van scheepswrakken in het openbaar onthoofd. Omdat zijn vader als groot geletterde een ontmoeting had met een dichter, moest de jonge Fumikata in zijn plaats de executie bijwonen; ze maakte hem misselijk.

Het was te veel voor de toekomstige Ryōkan. De volgende dag ging hij bij het krieken van de dag naar de tempel in het dorp, vroeg om een gesprek met meester Gensho, de abt, en wist hem te overtuigen van zijn wens monnik te worden. Zo kwam het dat Fumikata in de Kosho-ji, een zentempel uit de sōtō-school, zijn hoofd liet kaalscheren, de monnikspij aantrok en de naam Ryōkan aannam. In die tijd was het gebruik om van naam te veranderen met elke nieuwe levensfase en passend bij de taken die je vervulde in de maatschappij. Overeenkomstig het voor het boeddhisme belangrijke begrip vergankelijkheid hadden ook alle eerdergenoemde meesters een naam gekregen bij hun geboorte, een volwassen naam, een naam van hun kloosterorde en een naam wanneer een meester hun verlichting had erkend. Fumikata werd dus Ryōkan (afhankelijk van de vertaling 'goed en verdraagzaam' of 'gul en omvangrijk') voordat hij een paar jaar later door zijn meester Kokusen Daigu ('grote argeloze') werd genoemd. Maar wat die naam aangaat, het zou verkeerd zijn Ryōkan Daigu alleen te zien als de dorpsgek, de lokale dwaas, de magnifieke en complete idioot die sommigen hebben beschreven. Kengan D. Robert, een hedendaagse Franse zenmeester, maakt duidelijk dat het karakter *gu* (*dai* betekent 'groot') niet vertaald moet worden met de kleinerende term idioot, maar eerder als '*degene die de dingen neemt zoals ze komen en er even tevreden mee is als een pasgeborene.*' In die zin was Ryōkan de vleesgeworden gelijkmoedigheid, wat een belangrijke boeddhistische deugd is. '*Door heel open en oprecht de weg te volgen waarvoor hij alles achterliet en zichzelf wegcijferde, belichaamde hij de zen in zijn zuiverste vorm.*'[72]

Ryōkan, de wijze geest met het grote hart, werd vier jaar later opgemerkt door Tainin Kokusen, de abt van de tempel van Entsu, tijdens een bezoek aan de Kosho-ji. Deze gevreesde meester was '*een reus met een knobbelig hoofd en eelt op zijn voorhoofd door het zich ter aarde werpen, met brede handen die sterk waren geworden door het zware werk, [...] maar zowel een groot geletterde als een gevoelig en subtiel dichter.*'[73] Hij werd meteen betoverd door de lange slungel die achter zijn naïeve manier van doen een heldere en open geest verborg. Ryōkan besloot Kokusen te volgen. Met z'n tweeën legden ze te voet in zes maanden de ruim duizend kilometer af tussen de Kosho-ji aan de ijzige kant van de Japanse Zee en de Entsu-ji, die dicht bij Tamashima lag aan de uit-

---

[72] Claire S. Fontaine, *Contes zen, Ryōkan le moine au cœur d'enfant.*

[73] Pierre Turlur, *Trois Maîtres zen : le vertueux, le rêveur, le vagabond.*

nodigende oever van de Binnenzee. Ryōkan kreeg echter niet de tijd om te genieten van de betoverende kust, want hij werd tien lange jaren onderworpen aan de strenge, door Dōgen ingestelde discipline van de sōtōzentempels. De enige onderbreking was de traditionele reis van een jaar, die alle jonge monniken in die tijd maakten om andere meesters te ontmoeten. Tijdens die omzwervingen, waarbij hij moest bedelen om voedsel en onderdak voor de nacht, schreef Ryōkan zijn eerste gedichten die de schoonheid van de natuur bezongen, in zijn ogen de zuiverste vorm van het lichaam van Boeddha Shakyamuni.

'De kleuren van de berg
en de echo van het water in de vallei
zijn als niets anders dan
de stem en de gedaante
van mijn Shakyamuni.'[74]

[74] Ibid.

Het huidige dagprogramma in de tempel Tosho-ji

- ***4:00 (3:00 in de zomer)*** *Opstaan bij het klokgelui*
- ***4:30*** *Zazen*
- ***5:00*** *Kinhin (loopmeditatie)*
- ***5:10*** *Pauze*
- ***5:20*** *Zazen*
- ***6:00*** *Ochtendceremonie, ontbijt, schoonmaak gemeenschappelijke ruimten*
- ***8:20*** *Gesprek met de meester*
- ***9:30*** *Lezen, samu of praktijk*
- ***11:00*** *Klok en ceremonie van het midden van de dag*
- ***11:30*** *Lunch*
- ***14:00*** *Lezen, samu of praktijk*
- ***16:30*** *Avondceremonie*
- ***17:00*** *Avondmaal en douche*
- ***19:00*** *Zazen*
- ***19:40*** *Kinhin*
- ***19:50*** *Pauze*
- ***20:00*** *Zazen*
- ***20:40*** *Einde van de dag*
- ***21:00*** *Slapen*

Terug in de Entsu-ji kreeg hij amper de tijd om de overdracht te ontvangen van Kokusen voor de laatste overleed. Ryōkan, die toen 33 jaar was, besloot het kloosterleven vaarwel te zeggen en een dolende monnik te worden. Gedurende zes jaar zwierf hij rond zonder doel, van de ene kluizenaarshut naar de andere. Zijn lange, donkere gedaante werd opgevrolijkt door zijn eeuwige glimlach, het bewijs van zijn grenzeloze goedheid die iedereen trof die hij onderweg tegenkwam. Allereerst raakte die de kinderen, die wisten dat hij altijd een *temari*[75] of knikkers in zijn zak had om urenlang met hen te spelen. Ze noemden hem 'zijne heiligheid de ballenwerper'. De andere passie van Ryōkan, voor hem ook een manier om te spelen, was kalligrafie. Hij genoot er zo van dat hij haar beoefende op elke ondergrond die hij zag. Wanneer het niet het zand op een strand of de modder langs de weg was, vond hij wel de bodem van een ton of een stuk papier dat de wind had achtergelaten. Soms gebruikte hij zelfs zijn lichaam als penseel en tekende hij zijn *kanji** in de lucht. Op een dag vond hij onderdak bij een handelaar. Hij kon zich niet bedwingen en gebruikte zijn penseel op het maagdelijke oppervlak van een kamerscherm. Geschrokken van zijn daad ging hij ervandoor en zou

75 Van *te* ('hand') en *mari* ('bal'); het zijn stoffen ballen waarmee kinderen speelden, die rond de zevende eeuw verschenen in Japan. Een ervan, die van Ryōkan was geweest, is te zien op een foto in het boek van Claire S. Fontaine, *Contes zen, Ryōkan le moine au cœur d'enfant*.

nooit te weten komen dat de verrukte eigenaar het scherm een ereplaats gaf in zijn *tokonoma**. Maar zijn reputatie als kalligraaf groeide zodanig dat hij enige tijd later doodleuk ontvoerd werd door een rijke koopman die hem dwong een kalligrafie achter te laten in ruil voor zijn vrijheid. Met tegenzin toog Ryōkan aan het werk en liet inderdaad een kalligrafie achter in het huis van de kinkel, echter met de tekst: *'Ik wil niet. Ik wil niet. Ik wil niet. Ik wil niet.'* Zelfs dieren vielen net als bij de heilige Franciscus van Assisi voor zijn charme. Vogels kwamen bijvoorbeeld vaak op zijn hoofd zitten terwijl hij zazen beoefende. Een andere anekdote vertelt dat hij al het eten dat hij bij elkaar gebedeld had aan een zwerm uitgehongerde mussen gaf. En dan had je nog de muggen die hij bereid was te eten te geven door ze zijn been aan te bieden tijdens zijn slaap.

In 1796, op zijn 39ste, was Ryōkan al redelijk versleten door het zwerversleven. Hij accepteerde dat hij dat leven moest opgeven en vestigde zich op de heuvel van Kugami, in de buurt van zijn geboortedorp Izumozaki. Hij trok in een kleine, verlaten kluizenaarshut op de helling van de berg Gogô-an, waar hij zich volledig stortte op zazen. Toch stond hij nooit buiten de maatschappij en onderhield tot aan zijn dood nauwe en warme contacten met de inwoners van het naburige dorp, die voor hem zorgden als voor een heilige. Hij bleef ook spelen met kinderen, gaf nu en dan een kalligrafie weg in ruil voor eten of verzorgde zieken met traditionele Chinese remedies. Hij was de beschermer van alle levende wezens, maar was totaal niet handig. Op een dag stak hij zijn hut in brand toen hij een gat in het strodak wilde maken met een kaars, zodat de bamboestengel die uit zijn vloer was opgeschoten vrij naar het licht kon groeien. Zorgeloos als hij was, werd hij op een ochtend door een boer betrapt in een hooimijt, waar hij was ingedut nadat hij zich er de vorige dag in had verborgen toen hij verstoppertje speelde met kinderen. Niet gehecht aan materiële zaken verloor hij zijn spullen vaak. Dus maakte hij lijsten van zijn schamele bezittingen om ze niet meer onderweg rond te strooien. Een aantal van die lijsten is bewaard gebleven. Ze zijn even instructief als roerend.

Door Ryōkan opgestelde lijst

Voorwerpen die ik bij me heb:

- *Zukin: vaatdoek*
- *Tenugui: kleine handdoek*
- *Hangami: papieren zakdoek*
- *Sensu: waaier*
- *Zeni: munten*
- *Temari: ballen*
- *Hajiki: knikkers*

Wat ik zelf aan heb:

- *Kasa: regenhoed*
- *Kiahan: beenkappen*
- *Kōkake: wanten*
- *Kamishuki: draad voor onderkleding*
- *Shimoshukin: draad voor kimono*
- *Tsue: stok*
- *Kara: kleine kesa*

En verder:

- *Zori: sandalen van stro*
- *Shōbutsu: schrijfgerei*
- *Kiriabura: geolied papier*
- *Hachi: kom*
- *Mino: strooien regenjas*

Claire S. Fontaine, *Contes zen, Ryōkan le moine au cœur d'enfant*.

Drie jaar voor zijn dood, op 74-jarige leeftijd, was hij van zijn berg gekomen en woonde hij in het huis van zijn vrienden, de familie Kimura. Daar maakte Ryōkan kennis met Teishin ('trouw hart'), een zeldzaam knappe zen-non en dichteres in haar vrije tijd, van 29 lentes. Er bloeide een prachtige liefdesgeschiedenis op tussen deze twee mensen, wier zielen even dicht bij elkaar lagen als hun leeftijden uit elkaar. Alsof het leven Ryōkan iets wilde teruggeven van alle liefde voor levende wezens die hij zijn leven lang zo ruimhartig had rondgestrooid. Op haar beurt wijdde Teishin de rest van haar leven aan het volgen van het pad van Boeddha. Ze verzamelde de geschriften en gedichten van de monnik met het hart van een kind, met name zijn afscheidsgedicht '*Yuige*' dat hij vier of vijf dagen voor zijn dood schreef.

'Dit is wat ik jullie nalaat als herinnering:
de bloemen van de lente,
de leeuwerik van de zomer,
de esdoornbladeren van de herfst.
Wanneer hij dood zal zijn,
zal er niets overblijven van hij die Ryōkan was.
Toch zullen de bloemen opengaan als het lente wordt,
zal de leeuwerik gaan zingen als de zomer komt,
en zullen de bladeren aan de bomen rood kleuren in de herfst.
Denk alsjeblieft alleen daaraan
om je mij te herinneren.'

Mijn mededogen op de proef gesteld

Toen ik dit hoofdstuk over Ryōkan wilde afronden, vroeg ik me af wanneer ik in de gelegenheid was geweest om, net als de goede monnik, mijn geest te oefenen in mededogen gedurende de afgelopen 48 uur. Ik moest meteen denken aan de twee figuren die de vorige avond tegen mijn flat hadden staan plassen, aan de vrouw die die ochtend had geprobeerd voor te dringen in de wachtrij op het postkantoor of de telemarketeer die me had gestoord bij het nalezen van deze tekst. Wat zou mededogen in al die verschillende gevallen moeten inhouden? Allereerst voorkomen dat je kwaad werd, want, zoals Boeddha zegt, dat is 'alsof je een brandend kooltje uit het vuur pakt om het naar iemand te gooien; je brandt jezélf.' Ten tweede zou ik de twee mannen met hoge nood voorstellen om mijn toilet te gebruiken in plaats van de muur van de flat, de voordringster voor laten gaan als ze echt heel erg haast had en kalm en beleefd tegen de telemarketeer zeggen dat ik niet voor niets in het 'bel-me-niet-register' sta; dat wil namelijk zeggen dat ik geen verkooptelefoontjes wil. In twee van de drie gevallen had ik juist gehandeld, ook al was mijn reactie op de voordringster, dat geef ik toe, een tikje ironisch en leek mijn boodschap aan de telemarketeer wel van een antwoordapparaat te komen. Wat betreft de twee onbeschaamde wildplassers, laten we zeggen dat ze mij leerden dat ik nog een heel stuk heb af te leggen op het pad naar verlichting ...

‘Gonzo de veerman stond bekend als een snel aangebrande en gemene man. Maar het leek hem totaal onverschillig te laten dat iedereen een hekel aan hem had. Omdat hij voortdurend de dorpelingen uit de omgeving de mildheid en vriendelijkheid van Ryōkan sama hoorde prijzen, kon hij de goede monnik niet uitstaan. En toen deze van zijn veer gebruik wilde maken om de rivier over te steken, besloot Gonzo om het legendarische mededogen van de monnik te testen. Midden op de rivier liet hij zijn vaartuig schommelen om Ryōkan bang te maken.

Maar deze maakte alleen deze opmerking: *“Gonzo san, het is mooi weer vandaag en toch zijn er hoge golven. Pas maar op!”* De opmerking maakte Gonzo alleen maar nog bozer. Hij liet de boot zo hard schommelen dat de goede monnik in het water viel. Net voordat hij verdronk in het ijskoude water werd Ryōkan gered door de veerman, die in zijn nopjes was met de streek die hij hem had geleverd. Zodra hij echter op de oever was, werd de monnik niet boos op Gonzo, maar bedankte hem hartelijk omdat hij hem van de verdrinkingsdood gered. Naar verluidt was Gonzo zo ontwapend door zo veel vriendelijkheid en goedheid, dat hij zich aan de voeten van de monnik wierp, zijn nare streek opbiechtte en beloofde dat hij voortaan goed zou zijn voor iedereen. En hij zou woord houden …’

Claire S. Fontaine, *Contes zen, Ryōkan le moine au cœur d’enfant.*

Mededogen

Het mededogen waarvan Ryōkan die dag en bij veel andere al dan niet legendarische gelegenheden blijk gaf, is een van de belangrijkste deugden van het boeddhisme, maar ook van veel andere religies. Zo leerde de heilige Franciscus van Assisi, die ik al in het vorige hoofdstuk noemde, dat alle levende wezens broers en zusters zijn onder het vaderschap van God en getuigen talrijke anekdotes van zijn mededogen; een daarvan vertelt dat hij regenwormen van een drukke route haalde en ze naast het pad legde, zodat ze niet door de langstrekkende mensen platgetrapt zouden worden. Ryōkan schepte 's ochtends zorgvuldig alle luizen van zijn huid en legde ze in de zon. 's Avonds zette hij al die wezentjes terug in de warmte van zijn overvloedige lichaamsbeharing, zodat ze er de nacht konden doorbrengen.

> *'De mens maakt deel uit van het geheel dat we het universum noemen, een afgebakend deel van tijd en ruimte. Door een soort optische illusie van zijn bewustzijn voelt hij zich, met zijn gedachten en gevoelens, apart staan van de rest. Die illusie is*

voor ons een soort gevangenis, die ons beperkt tot onze eigen verlangens en onze affectie voor een paar dierbaren. Het is onze taak ons te bevrijden uit die gevangenis door onze cirkel van mededogen zo te vergroten dat ze alle levende wezens omvat.'

Dit citaat is niet van een zenmeester, maar van Albert Einstein, die ook verklaarde dat het boeddhisme de enige religie was die te verenigen viel met de moderne wetenschap. Het idee dat hij hier naar voren brengt is een sleutelconcept uit het boeddhistische gedachtegoed waaraan ik al eerder refereerde in dit boek. Omdat niets je scheidt van anderen, heeft het geen enkele zin anderen kwaad te doen, omdat dat erop zou neerkomen dat je jezelf kwaad doet. Dat betekent niet dat we allemaal hetzelfde zijn, maar dat we allemaal verbonden zijn met alle anderen. We delen dezelfde pijn en hetzelfde verlangen naar geluk met alle mensen, maar ook meer in het algemeen met alle levende wezens. Pas als we de illusie kunnen afschudden dat we losstaan van de anderen, kunnen we het ware mededogen ontdekken. Daarbij is het zaak mededogen niet te verwarren met medelijden. Medelijden ervaar je van boven naar beneden: rijke mensen hebben medelijden met arme, een gezond mens heeft het met een zieke enzovoort. Mededogen daarentegen is een horizontaal gevoel: het heeft alleen zin onder gelijken of liever gezegd, het zorgt voor gelijkheid tussen wie lijdt en wie naast hem staat en op gelijk niveau zijn leed deelt. Een ander belangrijk semantisch onderscheid is dat tussen empathie en mededogen. Tania Singer, de Amerikaanse neurowetenschapper die Sharon Salzberg citeert in haar boek *Echte liefde*, noemt empathie de voorloper van mededogen en benadrukt dat te veel empathie negatieve gevolgen kan hebben.

> *'Als ik empathie voel voor een ander die lijdt, voel ik zijn leed persoonlijk; ik lijd zelf ook. De intensiteit van dat leed kan er zelfs toe leiden dat een empathische ontreddering zich van me meester maakt die mettertijd zelfs kan uitgroeien tot een burn-out en onthechting. Als ik daarentegen mededogen voel voor het leed van een ander, ervaar ik niet per se leed, maar bezorgdheid, liefde en menselijke warmte en kan ik de motivatie vinden om hem te helpen.'*

Maar eens te meer herinnert meester 'Vogelnest' ons er vanuit de top van zijn boom aan dat er tussen theorie en praktijk een lange weg afgelegd moet worden. Want op die ambitieuze roep om universele liefde antwoorden we maar al te vaak dat het al moeite genoeg kost om te houden van onze naasten, zonder ook nog eens mededogen te moeten opbrengen voor vreemden of, erger nog, mensen die erop uit lijken te zijn ons leven te verpesten. Bijvoorbeeld de buurman die om twee uur 's ochtends keiharde muziek opzet, de rotzak die de laatste parkeerplaats voor je neus wegkaapt, het kind dat twee rijen voor je in de trein al een uur aan het krijsen is enzovoort. Zoals Sharon Salzberg toegeeft in haar boek: '*Er zijn dagen waarop je al tevreden bent over jezelf omdat je kalm hebt weten te blijven.*' Bovendien, hoe moet je iemand laten voelen dat hij mededogen moet hebben met alle perverselingen en moordenaars wier misdaden regelmatig op het journaal te zien zijn?

In werkelijkheid moet je mededogen en goedkeuring goed uit elkaar houden. We kunnen mededogen voelen met en laten blijken aan iemand en toch afkeuren wat hij doet, hem dat laten weten en er alles aan doen wat binnen onze macht ligt om te voorkomen dat hij het weer doet. '*Omdat haat nooit gestopt kan worden met haat, haat zal alleen stoppen door liefde,*' zei Boeddha. We hebben geen andere keus: als we de oorzaken van het leed willen wegnemen, moeten we proberen alle situaties en alle wezens te accepteren, zelfs degene die in onze ogen het ergst zijn, door rekening te houden met de omstandigheden die eraan voorafgingen. We kunnen niet op slag de haat wegnemen die opvlamt in het hart van een mens of een volk. Eerst moeten we de moeite nemen om de oorzaken en effecten te analyseren die deze haat hebben veroorzaakt. De waarheids- en verzoeningscommissie die werd aangesteld in Zuid-Afrika na de duistere jaren van de apartheid is hiervan een goed voorbeeld. Ook al is er ook nu nog sprake van sociale discriminatie en rassendiscriminatie in het land, er is wel een genocide voorkomen.

Matthieu Ricard* wijst er in het voorwoord dat hij schreef in een ander boek van Sharon Salzberg, *De kracht van vriendelijkheid*, op dat *'mededogen de wereld niet ziet in termen van goed en kwaad, van terecht en onterecht of van aardig en gemeen, maar uitsluitend vanuit het perspectief van leed en het stoppen van dat leed'*. In die zin is het enige doel van mededogen alle anderen, of we hen nu beschouwen als vrienden of als vijanden, te helpen hun leed achter zich te laten. In de hierboven vertelde anekdote van de veerman is Ryōkan niet het slachtoffer van de boosaardigheid van Gonzo. Hij weet dat deze hem met opzet in de rivier heeft gekieperd. Maar hij weet ook dat die boosaardigheid zowel de oorzaak als een gevolg is van zijn leed. Met zijn reactie wil de monnik het goede in de veerman in het licht zetten, de kant die hij heeft getoond door hem te redden van de verdrinkingsdood. Het mededogen bestaat er altijd uit het goede in de ander te zoeken in plaats van je te concentreren op zijn duistere kant.

Er zijn minstens twee dingen die ons zouden moeten stimuleren om elke dag van ons leven mededogen te tonen. Ten eerste hoeven we niet ons geluk op te offeren als we proberen het goede te doen. Integendeel. Recent neurowetenschappelijk onderzoek heeft aangetoond dat als we blijk geven van mededogen, we een neurale verbinding stimuleren tussen onze hersenen, ons hart en andere organen en we oxytocine aanmaken, het welzijns- en liefdeshormoon. Eenvoudiger gezegd:

door te zorgen voor het geluk van anderen, worden we zelf gelukkiger.

Ten tweede brengt, anders dan vaak wordt gedacht, het instinct om te behouden wat we allen bezitten ons er niet alleen toe te vluchten voor wat ons bedreigt, maar ook systematisch alles te grijpen wat ons welzijn kan vergroten. Ons reptielenbrein is zo geprogrammeerd, maar *'naast onze neiging agressief te worden, onze overlevingsdrift, zijn we ook gezegend met een nog sterkere biologische drang om goed te doen, mededogen en liefde te tonen en te zorgen voor anderen'.*[76] Zoals professor Kagan concludeert is *'moraal een biologische eigenschap van onze soort.'*

---

[76] Volgens Jérome Kagan, professor aan Harvard, geciteerd door Yongey Mingyour Rinpotché in zijn boek *Bonheur de la méditation*, éditions Le Livre de Poche.

Op een nacht drong een dief de kleine kluizenaarshut binnen waarin Ryōkan leefde. Hij vond er niets van zijn gading, maar zag wel de goede monnik die lag te slapen onder zijn deken. Meteen greep de dief de deken en ging ervandoor. Ryōkan werd wakker van de kou, nieste en besefte dat zijn deken was gestolen ...

Ryōkan zag door zijn raampje de maan die schitterend aan de nachthemel stond. Dat inspireerde hem tot dit gedicht, dat beroemd zou worden:

O! Wonder
De zo mooie maan die mijn raam verlicht
Waarom heeft de dief haar niet meegenomen?

Zen-sprookje uit de bundel
Le bol et le bâton van Taisen Deshimaru

Hoe kun je je oefenen in mededogen?

'De liefde die je voedt voor jezelf voorkomt dat die aspiratie (het mededogen) vervalt in oppervlakkigheid of martelaarschap; de liefde die we voeden voor een bepaalde persoon vormt een proefterrein om een extra kracht te geven en te ontvangen waarop je kunt steunen op de weg naar liefde voor iedereen; en de liefde die je voedt voor al wat leeft helpt om liefde voor het leven zelf te gaan betrachten.' Sharon Salzberg, de bekende persoonlijkheid binnen het boeddhisme die ik al in het vorige hoofdstuk citeerde, schetst zo in haar boek *Echte liefde* de basisstappen die iedereen zou moeten zetten die zijn vermogen tot mededogen jegens alle levende wezens wil vergroten. *'Het eerste wat je moet doen om mededogen voor anderen te voelen is besluiten om het te proberen,'* voegt ze eraan toe. Iedereen moet dit doen in zijn eigen tempo. *'Om te voorkomen dat het ons te veel wordt en ervoor te zorgen dat we echt mededogen gaan voelen, is het van belang te bedenken dat we alleen maar kunnen doen wat binnen onze macht ligt; als we proberen meer te doen, krijgen we er misschien een hekel aan en worden we er ziek van.'*

De eerste voorwaarde is dat we van onszelf houden,

niet op een egoïstische manier, maar met mededogen, want we kunnen alleen mededogen voor een ander opbrengen als we het voelen voor onszelf. Evenzo kunnen we anderen hun fouten niet vergeven als we ons de onze niet kunnen vergeven, noch anderen gelukwensen met hun prestaties als we dat niet bij onszelf kunnen doen. Het is een aansporing om jezelf niet meer voortdurend te veroordelen, jezelf niet meer moreel terecht te wijzen door de nadruk te leggen op je fouten en beperkingen in plaats van op het goede in je.

Daarna kun je mededogen uitdragen naar je naasten, naar degenen met wie je al een liefhebbende relatie hebt. Dat doe je allereerst door hun aandacht te geven, want anderen aandacht geven brengt je tot mededogen. Familieruzies ontstaan vaak omdat de familieleden te weinig aandacht voor elkaar hebben. Het is beter om hen niet te veroordelen, geen negatieve mening over hen te koesteren, niet op hun fouten te wijzen.

En tot slot kun je je kring van mededogen uitbreiden naar alle mensen met wie je in contact komt. Dat kan vreemd genoeg het gemakkelijkst zijn, want '*elke dag biedt ons heel veel mogelijkheden om ons zorgzaam te tonen voor anderen, als uiting van de menselijkheid die we delen*'.[77] Je kunt bijvoorbeeld een moeder helpen de buggy uit de bus te tillen, de caissière in de supermarkt een fijn weekend wensen, boodschappen doen voor een bejaarde die het huis niet uit kan enzovoort. In

---

77 Sharon Salzberg, *Echte liefde*, Boekerij.

Italië is in het midden van de twintigste eeuw in Napels een traditie ontstaan die rond de eeuwwisseling nieuw leven ingeblazen kreeg, *caffè sospeso* ('uitgestelde koffie'). Die komt erop neer dat je in een café een koffie bestelt en er twee betaalt, een voor jezelf en een voor iemand met weinig geld die er later een bestelt. Dit gebruik, dat van solidariteit met minder draagkrachtigen getuigt, is een prachtig voorbeeld van mededogen. Het gaat om een totaal altruïstisch gebaar, omdat je nooit weet aan wie je het richt en jij als gever er noch lof, noch een bedankje voor oogst.

Mededogen oefen je net zoals je moet oefenen om viool te kunnen spelen, om hard te lopen en, het andere uiterste, om anderen te haten. Ik doel hier op het fenomeen van de (wereldwijd 250.000!) kindsoldaten in Afrikaanse, Midden-Oosterse en Zuid-Amerikaanse burgeroorlogen die door volwassenen worden getraind om beetje bij beetje hun aangeboren mededogen het zwijgen op te leggen, zodat ze in staat zijn tot de bloedbaden die we uit het nieuws kennen. Sommigen van die kindsoldaten, die wisten te ontsnappen uit deze hel, hebben gelukkig dankzij hulporganisaties weer geleerd te leven in een goede verstandhouding met hun naasten. Ze blijken vaak over een verbluffende veerkracht te beschikken.

Matthieu Ricard, die klinisch geneticus was voor hij een boeddhistische monnik werd, legt uit dat we '*onze geest kunnen leren om op een constructieve manier te werken, om obsessie te vervangen door tevredenheid, hectiek door rust, haat door mededogen',*[78] dankzij de inmiddels bewezen neuroplasticiteit van de hersenen. Door die neuroplasticiteit kan ons brein gedurende ons hele leven blijven evolueren op basis van onze ervaringen en zelfs nieuwe neuronen aanmaken. Op die manier *'kunnen we het ingrijpend veranderen door het gericht te trainen, bijvoorbeeld als we een instrument of een sport leren beheersen. Dat betekent dat ook aandacht, mededogen en zelfs geluk ontwikkeld kunnen worden en voor een groot deel voortvloeien uit een deskundigheid die je kunt aanleren. [...] Als je elke dag wat tijd besteedt aan het aankweken van mededogen of een andere positieve eigenschap, is het heel goed denkbaar dat je resultaten bereikt die vergelijkbaar zijn met wat je bereikt door je lichaam te trainen.'*

En tot op de dag van vandaag blijft meditatie de meest effectieve trainingsvorm ...

---

78 Uit het voorwoord van *Bonheur de la méditation* van Yongey Mingyour Rinpotché.

Kōdō Sawaki
DE VRIJE GEEST

Heel lang geleden leefde er in China een eenvoudige boer die echter een schitterend sneeuwwit paard bezat. Er ging geen dag voorbij zonder dat een van zijn buren, met een jaloerse blik, opmerkte dat hij maar geluk had zo'n prachtig dier te bezitten. En steeds weer antwoordde de boer: *'Geluk? Misschien ...'*

Maar op een dag was het paard ineens verdwenen. De buren leefden met hem mee en beklaagden hem met zijn pech. En de boer zei alleen maar: *'Pech? Misschien ...'*

Nadat er een paar dagen verstreken waren, dook de prachtige witte hengst weer op in het veld van de boer, maar nu in gezelschap van een kudde wilde paarden. Het hele dorp haastte zich naar de boer om hem gelukkig te prijzen omdat hij over al die kostbare dieren beschikte. En de boer antwoordde weer: *'Geluk? Misschien ...'*

De volgende dag besloot de enige zoon van de boer een van de wilde paarden te bestijgen om het te temmen. Maar het paard wierp hem van zijn rug en de zoon brak een been. Dat was voor de buren opnieuw een gelegenheid om de boer te beklagen met de pech dat hij een kostbare arbeidskracht moest missen in oogsttijd. Weer was zijn antwoord: *'Pech? Misschien ...'*

Niet lang daarna brak er oorlog uit en alle jonge mannen uit het dorp werden gemobiliseerd, behalve de zoon van de boer die met zijn gebroken been het leger niet kon volgen. En alle rouwende vaders kwamen de boer gelukwensen omdat hij zijn zoon nog thuis had, veilig voor de gevaren van de oorlog. En de boer antwoordde ...

Zensprookje

Het is je vast al opgevallen dat de zenmeesters die in dit boek zijn gepresenteerd minstens één ding met elkaar gemeen hebben: ze hebben zich allemaal, in welke periode of welk land ze ook leefden, wijselijk afzijdig gehouden van de officiële religieuze instituten. Het waren vrije geesten die, ook al waren ze stevig geworteld in een seculiere traditie, het zenboeddhisme, gehoorzaamden aan de geboden van Boeddha Shakyamuni: *'Geloof niet wat ik je zeg, maar vertrouw op je ervaring.'* En in de *Kalama sutra* voegde hij eraan toe:

> *'Laat je niet leiden door verslagen, door de religieuze traditie of door wat jullie hebben horen zeggen. Laat je niet leiden door het gezag van religieuze teksten, door simpele logica of beweringen, door uiterlijke schijn, door speculatie over meningen of door waarschijnlijkheden ...'*

In de twintigste eeuw was Kōdō Sawaki een van deze vrije geesten. Deze man, die de bijnaam 'Kōdō de dakloze' kreeg omdat hij nooit een eigen huis of eigen tempel had, was de perfecte incarnatie van een *'unsui'* (van *un,* 'wolk', en *sui,* 'water'); zo noemde Dōgen liefdevol de monniken die *'lijken op een wolk die zich vrij door de lucht beweegt, of op het water dat stroomt waarheen het wil'.*

Net als Dōgen en Ikkyū verloor Kōdō Sawaki, die als kind Saikichi heette, zijn ouders al heel jong en maakte hij dus al heel vroeg pijnlijk kennis met vergankelijkheid.[79] Geboren in 1880 was hij 4 jaar toen zijn moeder stierf en 7 jaar bij de dood van zijn vader. Daarop kwam hij onder de hoede van een oom, die een paar maanden later stierf. Saikichi kwam toen terecht bij Sawaki Bunkichi, een beroepsgokker die met een voormalig prostituee was getrouwd die *'alleen maar aan tabak en seks dacht'*. Saikichi werd geadopteerd door dit onaangepaste gezin en kreeg zo een naam. Hij leefde er de vier jaar dat hij lager onderwijs genoot, terwijl hij een soort boodschappenjongen voor zijn adoptieouders was. In de wijk van de Rode Lantaarn, waar criminelen en losbollen kwamen, verkocht hij rijstkoekjes in de speelhuizen en paste hij op de sandalen die klanten moesten uittrekken voor ze een gokhol of bordeel binnen gingen. Een perfecte opvoeding voor een toekomstige yukuza van de Japanse maffia, ware het niet dat een tragisch voorval de ogen van de jonge Sawaki opende voor de gevaren van een dergelijk bestaan. Op een dag zag hij in een hoerenkast voor zijn ogen een

79 Dit verhaal over het leven van Kōdō Sawaki en de bijbehorende citaten zijn ontleend aan het nawoord in het boek *À toi* van Kosho Uchiyama, een leerling van Kōdō Sawaki, aan het boek *Pèlerinage chez les maîtres éminents* van Luc Boussard en aan een interview dat meester Kōdō Sawaki in 1965 negen maanden voor zijn dood gaf aan NHK (*http:// sawaki-interview.html*).

oudere man overlijden door een hartaanval terwijl hij stoeide met een prostituee van 18 jaar. In diezelfde tijd kwam hij steeds vaker bij de familie Morita die bij hem in de buurt woonde. Bij vader Morita, die de kost verdiende door kalligrafierollen te plakken, leerde Sawaki junior oud-Chinees en de Japanse geschiedenis en literatuur kennen. Maar bij de Morita's leerde hij vooral dat je beschaafd kon leven ook al was je arm en dat er in het leven belangrijker zaken zijn dan geld of roem. Hij bleef deze familie altijd dankbaar, die in hem de knop deed ontluiken waaruit zijn leven tot bloei zou komen.

'Op zijn zestiende, met drie kilo rijst op zijn schouder, gezegend met de nodige levenswijsheid en met een lantaarn in zijn hand',[80] ontvluchtte Sawaki het huis van zijn adoptieouders en ging op weg naar de zentempel Eihei-ji, die was gesticht door meester Dōgen. Hij wist het nog niet, maar het was het begin van zijn leven als dakloze dat pas zou eindigen bij zijn dood. Hij werd slecht ontvangen door de monniken van Eihei-ji, die hem verlaagden tot manusje van alles. Toch raakte hij er vertrouwd met het beoefenen van zazen. Toen hij op een dag profiteerde van een van zijn zeldzame vrije momenten om te mediteren, ontdekte een oude vrouw die de tempel schoonmaakte en die hem anders behandelde als minder dan lucht, hem in de mediteerhouding. *'Deze oude vrouw, die me gebruikte als haar bediende, wierp zich*

---

80 Ibid.

toen beleefd ter aarde zoals ze dat deed voor Boeddha. Toen begreep ik, ook al had ik nooit het boeddhisme bestudeerd, dat zazen iets heiligs moest hebben. Ik begreep toen diep vanbinnen de betekenis van de beoefening van zazen nog voor ik wat dan ook had bestudeerd. Het was een wonder. Ik begreep de ware aard zonder enige studie ervan.'[81] Wat Sawaki toen intuïtief had begrepen zou hij jaren later uitleggen in zijn meesterwerk *Le Chant de l'Éveil*: *'We hebben een spiegel om ons gezicht en ons lichaam te zien. Maar hoe kunnen we ons ego zien? Daartoe kun je zazen doen. In werkelijkheid is zazen beoefenen jezelf leren kennen.'* Die dag nam de toekomstige Sawaki het besluit om tot aan het eind van zijn dagen aan zazen te blijven doen.

Nadat hij een hele tijd van de ene tempel naar de andere had gezworven en in 1897 door Koho Sawada was gewijd en een monniksnaam had gekregen, werd Kōdō Sawaki in 1900 opgeroepen voor het leger. Hij moest in de frontlinie meevechten in de Russisch-Japanse oorlog, de eerste fase van de expansiedrift van het Rijk van de Rijzende Zon waaraan uiteindelijk een tragisch einde werd gemaakt door het atoombominferno van Hiroshima. Sawaki kreeg een kogel in zijn keel en werd voor dood achtergelaten onder een stapel lijken. Hij wist echter te overleven en hield er een medaille en een levenslang spraakprobleem aan over. Later zou hij met geen woord meer reppen over deze tragische periode

81 Ibid.

in zijn leven, waarin men van hem een *'demon met een missie om het vaderland te verdedigen'*[82] had gemaakt en die pas eindigde bij zijn demobilisatie in 1906. Hierna wijdde Kōdō Sawaki zich aan de studie van het boeddhisme en zou altijd aan zazen blijven doen. Drie jaar lang zonderde hij zich zelfs af in de Jofuku-ji, een kleine tempel in de buurt van Nara, om zich nog meer te verdiepen in het shikantaza (zazen). Daarna bekleedde hij diverse ambten bij verschillende tempels voor hij in 1935 les ging geven aan Komazawa, de boeddhistische universiteit van Tokio. Na de Tweede Wereldoorlog trok hij Japan door om zen te onderwijzen, lezingen te geven en dojo's op te richten bij zowel particulieren als ondernemingen, in fabrieken en zelfs in gevangenissen. Hij leidde talloze leerlingen op, mannen en vrouwen, monniken en leken. In deze tijd werd hij heel populair in Japan en kreeg hij de bijnaam 'Kōdō de dakloze'. Onvermoeibaar probeerde hij de zen uit de kloosterlijke context te halen omdat deze instituten zen hadden gemonopoliseerd als een bron van eerbewijzen en inkomsten. Kōdō wilde zen verbreiden onder de Japanse burgerij.

Deze wens om zen voor leken te promoten berustte op een heel persoonlijke interpretatie van de religie, die hij als volgt samenvatte: *'De meeste mensen denken dat een religie hetzelfde is als een sociale groep of een geloofs-*

[82] Ibid.

overtuiging waarbij je je aansluit. In werkelijkheid heeft elk individu zijn eigen religie. Religie is de geestelijke rust die je ondervindt als je echt jezelf bent. Ze geeft structuur aan ons dagelijks leven, maar we kunnen haar niet uitleggen of laten zien aan een ander.'[83] Hij verkondigde dat de weg niet het privilege is van welke boeddhistische school dan ook en dat ieder mens, man of vrouw, de plicht heeft zijn of haar potentieel ten volle te ontwikkelen. Slechts op één punt was hij niet bereid te schipperen: zazen '*als fundamentele en tijdloze houding die ononderbroken het heden, het verleden en de toekomst omspant*'.[84] Kosho Uchiyama, zijn trouwe volgeling en voormalig verantwoordelijke voor de tempel Antai-ji, zei: '*Als je de geschiedenis van het Japanse boeddhisme bestudeert, moet je wel constateren dat Sakawi Roshi de eerste meester van de moderne school was die shikantaza terugbracht naar haar zuivere vorm en even legitiem maakte als de koans.*' Deze wens om zazen tot de kern te maken van een leer die voor iedereen openstaat, gaf Kōdō Sawaki twee jaar voor zijn dood door aan een van zijn trouwste leerlingen, Taisen Deshimaru, die zich in Europa schitterend kwijtte van deze taak, zoals we in het volgende hoofdstuk zullen zien.

Kort voor zijn dood op 21 december 1965 – hij leefde inmiddels al een aantal jaren teruggetrokken in de tem-

---

83 Kōdō Sawaki, *Le Chant de l'éveil, le Shōdōka commenté par un maître zen.*

84 Ibid.

pel Antai-ji – keek Kōdō Sawaki uit het raam van zijn kamer naar de hoog oprijzende berg Takagamine en zei tegen een non: '*Kijk! De natuur is subliem. Ik begrijp de problemen die mensen hebben en toch ben ik nooit iemand tegengekomen die mijn onderwerping of bewondering verdiende. Maar de berg de Takagamine kijkt altijd vanaf grote hoogte op me neer en zegt tegen me: Kōdō, Kōdō.*'

Boeddha en de parel

Mijn overgrootvader ging rond 1900 naar Japan om er te helpen het eerste Nippon-taxibedrijf op te zetten. Van hem erfde mijn grootmoeder verschillende voorwerpen die hij van die reis had meegebracht, zoals een Boeddhabeeldje van beschilderd gips. Dat beeldje fascineerde me als kind al, zeker omdat ik als ik het schudde kon horen dat er iets in zat. Ik was ervan overtuigd dat het een schat, een sieraad of een parel moest zijn. Ik zat zo vaak aan het ding te frutselen om te onderzoeken of er een geheim vakje in zat, dat er uiteindelijk een stukje afbrak. De schat waarop ik gehoopt had bleek een stukje gips te zijn dat binnenin was achtergebleven. Ik repareerde het beeldje zo goed ik kon. Mijn oma deed alsof ze de reparatie niet opmerkte en deed me de kleine Boeddha een paar jaar later cadeau. Maar pas nadat ik met zazen was begonnen besefte ik op een dag, toen ik het beeldje voor de zoveelste keer bekeek, dat de schat niet was wat erin zat, maar Boeddha zelf.

Twee monniken liepen stroomafwaarts langs een rivier naar hun klooster, twintig kilometer verderop. Ineens zagen ze een meisje dat ontredderd aan de oever van de rivier zat. Klein en mager als ze was, durfde ze de rivier niet over te steken uit angst dat de stroming haar mee zou voeren. Meteen nam de oudste monnik het meisje op zijn rug, stak de rivier over en zette zijn lieflijke last af op de andere oever. Daarop voegde hij zich weer bij zijn metgezel en samen hervatten ze zwijgend hun tocht, geconcentreerd op elke stap.

Een uur later deed de jongste monnik ineens somber zijn mond open: *'Eerbiedwaardige, u heeft een gebod geschonden. We hebben het recht niet een vrouw aan te raken en nog minder haar op onze rug te dragen.'* De oudere monnik liep stilzwijgend door. Een paar minuten later keek hij opzij met een glimlach vol goedheid en antwoordde: *'Jonge vriend, ik heb het meisje naar de overkant van de rivier gebracht. Jij draagt haar nog steeds op je rug ...'*

Zensprookje

Gelijkmoedigheid

In het *Lied van verlichting* citeert Kōdō Sawaki een stuk uit de Dokkōdō, de befaamde erecode van de samoerai, geschreven door Miyamoto Musashi[85] aan het begin van de zeventiende eeuw. Een aantal aanbevelingen die hij doet illustreert ook meesterlijk een basisdeugd uit het zenboeddhisme: gelijkmoedigheid.

– *Blijf altijd en overal onpartijdig.*
– *Denk niet te veel van jezelf en des te meer van anderen.*
– *Gebeurd is gebeurd, heb er geen spijt van.*
– *Wees op niemand jaloers, in het goede noch in het kwade.*
– *Waar je ook heengaat, vertrek zonder droefheid.*
– *Maak anderen en jezelf geen verwijten.*
– *Bewaar geen gehechtheid in je hart.*

85 Meester in de krijgskunst, kalligrafiekunstenaar, befaamd schilder, filosoof en de beroemdste zwaardvechter uit de Japanse geschiedenis.

Ook de twee zensprookjes hierboven illustreren deze deugd, die zich in grote lijnen laat definiëren als 'een gemoedstoestand waarin men gedistantieerd en kalm staat tegenover elk gevoel of denkbeeld, of dat nu aangenaam of onaangenaam is'. Wie gelijkmoedig is, blijft zichzelf onder alle omstandigheden. Het concept gelijkmoedigheid, dat de stoïcijnen hoog in het vaandel hadden, staat ook centraal in het bekende gebed tot God van de Romeinse keizer Marcus Aurelius:

> *'Moge mij de kracht gegeven worden om te verdragen wat niet veranderd kan worden en de moed om te veranderen wat dat wel kan, maar ook de wijsheid om het een van het ander te onderscheiden. Dat is de volmaakte moraal: elke dag leven alsof het de laatste is; je niet opwinden, niet indutten, niet doen alsof.'*

Gelijkmoedigheid hoort zoals we hebben gezien tot de vier gemoedstoestanden (naast goedheid, mededogen en vreugde) die de leerling al doende moet ontwikkelen. Want *'goedheid biedt tegenwicht aan boosaardigheid, mededogen aan kwaadwilligheid, vreugde aan verdriet en gelijkmoedigheid aan gehechtheid'.*[86] De boer uit het verhaal die te maken had met de wisselvalligheden die zijn paard veroorzaakte, bewaart gedurende het hele verhaal een verstandige terughoudendheid: 'goede' of

---

86 Éric Rommeluère, *Le bouddhisme engagé*, éditions du Seuil.

'slechte' ontwikkelingen, hij komt noch in vervoering, noch stort hij zich in geweeklaag. Het lijkt bijna of hij er onverschillig onder blijft. Maar anders dan de woordenboeken ziet het boeddhisme gelijkmoedigheid niet als een synoniem voor onverschilligheid of kalmte. Want deze beide termen verwijzen naar totaal andere realiteiten: kalm zijn betekent niet dat je onverschillig bent. Anders dan vaak wordt gedacht draagt het boeddhisme niet een soort weke onthechting uit, een berekende onverschilligheid tegenover de gang van zaken en de grillen van het leven. Boeddhisten zijn, volgens de fraaie formulering van Bernard Faure,[87] geen '*oosterse wijzen die rusten in de kalmte van een verdoofd bewustzijn*'. De hoofdstukken hiervoor, gewijd aan thema's als vriendelijkheid of mededogen, zouden dat al duidelijk moeten hebben gemaakt. Overigens staat in het verhaal over de twee monniken en het meisje de oudste monnik niet onverschillig tegenover het lot van het meisje dat de rivier onmogelijk op eigen kracht zou kunnen oversteken. Hij helpt haar, totaal onbaatzuchtig, en hervat zijn tocht. Zijn gelijkmoedigheid wordt enige tijd later duidelijk wanneer zijn leerling hem aanspreekt op zijn gedrag en hij veel serener blijkt dan die leerling die nog steeds verward en ongerust is door de ontmoeting met het vrouwelijk geslacht. Het verhaal verwijst trouwens ook naar een ander thema dat we al eerder

[87] Bernard Faure, *Idées reçues sur le bouddhisme*, Le Cavalier Bleu.

hebben aangesneden: dat van goed en kwaad en hoe moeilijk het is te bepalen of een daad goed dan wel slecht is. Ook al was het in die tijd in principe ongepast voor een monnik om een jonge vrouw in de armen te nemen, haar helpen om een gevaarlijke rivier over te steken was een prijzenswaardige daad. Zoals we al zagen bepaalt voor het boeddhisme de intentie of een daad goed of slecht is.

'Lof en kritiek, winst en verlies, plezier en leed komen en gaan als de wind. Om gelukkig te zijn moet je jezelf planten in het midden van alles als een majesteitelijke boom.'[88] Aldus duidde Boeddha zelf de weg naar gelijkmoedigheid. Lof en kritiek, winst en verlies, een goede en een slechte naam, plezier en leed, 'de acht wisselvalligheden van het leven', zijn stuk voor stuk wervelwinden die voortdurend aan de windhaan van onze geest rukken. Maar, zo benadrukt Kōdō Sawaki, mensen zijn dol op illusies en willen graag gefopt worden: *'Als het lente wordt, laat je je het hoofd op hol brengen door de lente. Als het herfst wordt, laat je je het hoofd op hol brengen door de herfst. Iedereen verdrijft de tijd met wachten op iets wat hem het hoofd op hol brengt. Er bestaat zelfs een beroep waarin je mensen het hoofd op hol brengt: dat van reclamemaker.'*[89] Dat gezegd zijnde, het blijkt moeilijk om kalm te blijven wanneer je wordt geprezen of kritiek krijgt, wanneer

---

88 Joseph Goldstein, *Le Chemin vers l'éveil.*
89 Kōdō Sawaki, *À toi.*

je iets kostbaars verkrijgt of verliest of wanneer het leven afwisselend geluk en verdriet op je pad brengt. De enige manier om de wisselvalligheden van het leven te dragen en uiteindelijk te accepteren is steeds weer te bedenken dat alles veranderlijk is: op elk moment kan er van alles gebeuren. Het heeft geen zin voortdurend op spitsroeden te lopen uit angst voor wat er kan gebeuren. Dit komt bewonderenswaardig tot uiting in het onderstaande aforisme dat niet uit een boek met boeddhistische wijsheden komt, maar uit een bundel van een van de meesters van het chassidisme, rebbe Nachman uit Breslov:

'Als ze je vragen hoe het gaat,
verlies je dan niet in zuchten
en steunen
over de moeilijkheden van het leven.
Wanneer je antwoordt: "Rottijd,"
dan zal God zeggen: "Rottijd, zeg je?
Ik zal je laten zien wat een rottijd is."
Als ze je vragen hoe het gaat
en je, ondanks alle moeilijkheden
en leed in het leven,
antwoordt: "Alles gaat goed, dank je,"
dan zal God zeggen:
"Gaat alles goed? Welnu, dan zal ik je laten zien
wat uitstekend werkelijk wil zeggen!"'[90]

---

90 *La Chaise vide: pour trouver l'espoir et la joie,* La Table Ronde.

Mijn grootmoeder zei altijd gewoon dat je er maar het beste van moest maken ...

Tot slot is een van de beste manieren om gelijkmoedig te worden alle waarden die eerder in dit boek aan de orde zijn gekomen te ontwikkelen: blijmoedige soberheid, vriendelijkheid, geduld, mededogen ... In het leven van alledag moet je zo veel mogelijk in het hier en nu zijn: *'Je bent bij de les, je volgt dus niet de gebruikelijke denkprocessen die je meeslepen met onbeduidende gedachten, dromen die uitgroeien tot verlangens en die voor het merendeel mechanismen zijn die zorgen voor leed.'*[91] Verder moet je gaan denken op een niet-discriminerende, niet-dualistische manier, je niet baseren op goed en slecht, waar en vals, aangenaam of onaangenaam. De derde zen-patriarch, Sosan (Seng-stan in het Chinees) vat het in de *Shinjinmei* als volgt samen:

> *'De grote weg is niet zwaar voor wie geen voorkeuren heeft. Wanneer gehechtheid en aversie beide ontbreken, is de weg duidelijk en open. Maak je daarentegen het geringste onderscheid, dan gaapt er een afgrond tussen de hemel en de aarde. Als je wilt dat de weg zich aan je openbaart, wees dan noch voor, noch tegen.'*

Noch voor, noch tegen zijn, dat is kiezen voor de middenweg.

---

91 Olivier Reigen Wang-Genh, *C'est encore loin l'éveil.*

Pelgrimstocht

Toen ik nog als journalist-fotograaf voor een Zwitsers tijdschrift werkte, zag ik hoe de collega die aan het bureau naast het mijne zat elke ochtend de ontwikkelingen op de beurs checkte op zijn computer om te zien hoe zijn aandelen en zijn vermogen het deden. Natuurlijk hadden die ontwikkelingen, zowel goede als slechte, de hele dag invloed op zijn humeur en op het contact met zijn collega's en zijn omgeving in het algemeen. Voor andere mensen kunnen dagen opwindend of juist deprimerend lijken, domweg omdat ze goed of slechts nieuws hebben gehoord op de radio of omdat ze wel of geen salarisverhoging, hulde of lof hebben gekregen. Een paar jaar geleden volgde ik 43 dagen de voetsporen van Kōbō Daishi, de grondlegger van de school van het shingon-boeddhisme, tijdens een pelgrimstocht langs de 88 tempels op het Japanse eiland Shikoku. Iedereen die ooit een dergelijke pelgrimstocht heeft gemaakt, heeft hetzelfde ervaren. Elke dagmars, ook al lijkt hij op de vorige, wordt op een andere manier beleefd, afhankelijk van het omringende landschap of de moeilijkheden die je tegenkomt, maar vooral van de gemoedstoestand waarin je je bevindt. Ik heb heerlijk vredige dagen beleefd terwijl ik ingesnoerd in een poncho over de wegen liep en het onafgebroken regende, en zonnige dagen waarop ik weelderige bossen met bamboe en cipressen doorkruiste, die werden verpest door een vervelend mailtje dat ik 's ochtend had gelezen op mijn smartphone. En zo komt het dat we soms het geluk van het hier en nu vergeten en ons laten meeslepen in vergeefs gepieker over het verleden of de toekomst. *'Zonder haar (gelijkmoedigheid) worden we heen en weer geslingerd door de golven en verpletterd door de harde veranderingen die het leven ons brengt.'*[92]

[92] Olivier Reigen Wang-Genh, *C'est encore loin l'éveil.*

Hoe kun je gelijkmoedigheid betrachten?

In zijn boek *Le Chemin vers l'éveil* stelt Joseph Goldstein, Amerikaans docent vipassanāmeditatie die we in het vorige hoofdstuk al uitgebreid hebben geciteerd, vier gemakkelijke routes voor die je kunt volgen om je gelijkmoedigheid te ontwikkelen en te versterken.

Ten eerste moet je je gehechtheden verminderen. Hij voert de anekdote van een Thaise meester aan die een kopje aan zijn leerlingen liet zien en hen aanmoedigde ermee om te gaan alsof het al kapot was. *'We gebruiken het, we doen er voorzichtig mee, maar we hechten ons er niet aan, omdat we weten dat het onderhevig is aan verandering.'* Nogmaals, het gaat er niet om onverschillig te staan tegenover andere wezens en dingen, maar te beseffen dat niets ons toebehoort. *'Je kinderen zijn niet jouw kinderen, ze zijn zonen en dochters van het verlangen om te leven zelf,'* brengt de Libanese dichter Khalil Gibran ons in herinnering. We zetten kinderen op de wereld, we zorgen voor hen, we voeden ze zo goed mogelijk op, maar weten dat ze ons op een dag zullen verlaten: '*Jullie zijn de boog die jullie kinderen als levende pijlen wegschiet.*' Alles waaraan we hechten kunnen we op deze manier begrijpen en ervaren.

Ten tweede zouden we de waarde van onze daden niet moeten afmeten aan het succes of falen ervan, maar aan wat ze heeft ingegeven. '*Als onze motieven goed zijn kunnen we gelijkmoedig blijven, of we nu slagen in wat we ondernemen of niet.*' We moeten ons volledig inzetten voor alles wat we ondernemen, maar wel beseffen dat we vaak geen controle hebben over het resultaat. Dit is geheel in de geest van het beroemde citaat van Lao-Tseu: '*Het doel is niet het doel, maar de weg.*'

Ten derde is het goed wijze en serene personen op te zoeken, zoals Boeddha aanraadt. Het is duidelijk dat we nooit heel gelijkmoedig kunnen worden als we omgaan met ruziemakers of mensen die altijd de controverse zoeken ...

Tot slot raadt Goldstein je aan een wijze uitstraling te cultiveren en voortdurend aandacht te hebben voor het nu, waarbij zazen een uitstekende training blijkt. Eckhart Tolle, een Duitse schrijver die in Canada woont en de bestseller *De kracht van het nu* schreef, benadrukt het feit dat er geen kostbaarder goed is dan het nu: '*De meeste mensen zijn nooit helemaal in het nu, omdat ze onbe-*

wust geloven dat het volgende moment zeker belangrijker zal zijn dan het huidige. Maar dan mis je je hele leven, dat zich nooit meer in het nu afspeelt.'

'Wat zou de fout van vrouwen zijn, wat de verdienste van mannen? Onder de slechten zitten ook mannen; onder de goeden zitten ook vrouwen. De wens om te luisteren naar de Wet en zich afzijdig te houden van deze wereld heeft niets te maken met het verschil tussen mannen en vrouwen. Als mensen zich nog niet hebben bevrijd van hun passies, zijn ze nog niet verlicht, of ze nu man zijn of vrouw. Maar als ze zich ervan hebben bevrijd en getuigen van het principe (van de Verlichte), is er geen verschil meer tussen mannen en vrouwen.'

Meester Dōgen

Waar zijn de vrouwen?

Het is je vast niet ontgaan: in de geschiedenis van de zen komen vrijwel geen vrouwen voor. Patriarchen zijn er te over, maar matriarchen ontbreken. Alsof het zen-boeddhisme zich het recht heeft voorbehouden om meer dan de helft van de mensheid te negeren en vrouwen uitsluitend de rol van hofdame, zwijgzame leerling of inspirerende muze toe te kennen. Wel was er één vrouw onder de vier volgelingen die de verlichting van Bodhidharma kregen: Soji, de dochter van keizer Bu die de non Tsoung-t'chi zou worden. Maar zeven eeuwen later staat meester Dōgen (in het citaat dat is ontleend aan de *Shōbōgenzō* aan het begin van dit hoofdstuk) op tegen de vooroordelen waarvan de vrouwen in zijn tijd slachtoffer waren. Hij is de eerste die klip en klaar zegt dat verlichting en verwezenlijking in het boeddhisme voor iedereen te bereiken zijn, man of vrouw, leek of geestelijke. Toch kreeg de non Egi-ni, zijn 'dharmazuster' die twintig jaar aan zijn zijde stond en aan zijn sterfbed zat, nooit de overdracht van hem, net zo min als enige andere vrouw. Meester Ikkyū had de mooie Mori die zijn oude dag verlichtte, de eerste leerling van Hakuin was Shatzu, een jong meisje van 16 jaar, en Ryōkan smaakte het geluk zijn bed en de liefde voor poëzie te delen met de non Teishin (veel gedichten van de monnik met het hart van een kind zouden zelfs van haar hand zijn). Maar het feit dat al deze oude meesters een vrouw aan hun zijde hadden bewijst in de verste verte niet dat ze geen vooroordelen hadden ten aanzien van vrouwen.

Laten we echter niet vergeten dat praktisch alle menselijke samenlevingen fallocratisch waren en dat nog steeds zijn. Meestal worden vrouwen naar het tweede plan geschoven. Hetzelfde geldt ook voor de grote filosofische of religieuze stromingen. Noem me maar eens een vrouw onder de grote denkers uit de klassieke oudheid, onder de toonaangevende figuren uit het christendom of onder de grote filosofen uit de moderne tijd. Hoeveel vaak minder briljante mannen kun je niet stellen tegenover een Hypatia van Alexandrië, een heilige Thérèse d'Avila of een Simone Veil? Deze bijzondere vrouwen zijn niet alleen zeldzaam, maar worden ook systematisch over het hoofd gezien in geschiedenisboeken en de verschillende religieuze tradities. Natuurlijk hebben in alle tijden vrouwen een rol gespeeld in de boeddhistische gemeenschap. Maar al vanaf het begin lijkt Shakyamuni hen met tegenzin te hebben geaccepteerd en alleen op aandringen van Ananda. We weten ook dat Boeddha, hoe verlicht hij ook was, zijn adoptiemoeder trachtte af te brengen van haar plannen een nonnenorde te stichten.[93] En toen hij het wel accepteerde, moesten de nonnen 'Acht Grote Voorwaarden' onderschrijven waarvan de eerste hen verplichtte, zelfs de oudste non (*bhikkhuni*), om te buigen voor zelfs de jonge novice onder de monniken (*bhikkhu*).

> *'Ook nu nog hebben in de meeste Aziatische samenlevingen boeddhistische nonnen een lagere status, die voor een groot deel voortvloeit uit de acht strenge regels* (guruddharma) *die Boeddha zou hebben uitgevaardigd vanwege de grote onvolmaaktheid van de vrouw. Op dat punt week hij niet af van de fundamentele misogynie uit die tijd.'*[94]

Het lijkt erop dat in Japan vrouwen tot aan de invoering van de confuciaanse patriarchale waarden rond de zevende eeuw vrijelijk samen met mannen optrokken op het pad van verlichting. In 623 waren er in Japan 569 nonnen en 816 monniken en in 674, ter gelegenheid van een ceremonie, al 2400 nonnen samen. In het Japan uit de tijd voor Confucius, een tijdperk waarin spirituele en bestuurlijke macht niet gescheiden waren, oefenden vrouwen invloed uit op beide gebieden. Men meende dat ze sjamanistische krachten bezaten en in

---

93 Zie het boek *The First Buddhist Women* van Susan Murcott, Albin Michel.

94 Bernard Faure, *Idées reçues sur le bouddhisme*.

het Asuka- (550/710) en Nara-tijdperk (710-784) waren er acht keizerinnen aan de macht die al hun energie wijdden aan de ontwikkeling van het boeddhisme.[95] Maar daarna was het voor vrouwen veel moeilijker om als leerling te worden aangenomen door een meester. Luc Boussard[96] noemt in dit verband het heel betreurenswaardige en verhelderende lot van Ryonen (1646-1711), een zen-non uit de obaku-school, die gedwongen was haar gezicht te verbranden met een ijzer voordat meester Hakuo haar aannam als leerling. Hakuo vreesde namelijk dat haar schoonheid zijn arme monnikjes het hoofd op hol zou brengen! Het boeddhisme blijkt zich dus, net als elke andere religie uit de geschiedenis, alleen hebben te kunnen ontwikkelen door zich achter de zeden van de tijd te scharen. En dit ondanks het feit dat hervormers als Dōgen soms trachtten de zaak in beweging te brengen door op deze tegenspraak te wijzen: hoe kan een religie die elke dualistische gedachte afwijst, op basis van geslacht discrimineren en van een verschil een criterium maken voor superioriteit of inferioriteit?

In onze tijd is de positie van vrouwen in het boeddhisme in het algemeen en in de zen in het bijzonder

---

95 Zie het artikel van Linda Myoki Lehrhaupt, '*Les Femmes dans le Zen : Émergence d'un trésor caché*', op de site *bouddhismeaufeminin.org.*

96 Luc Boussard en Reikai Vendetti, *Pèlerinage chez les maîtres éminents.*

een stuk beter. Maar ondanks alles kost het de zeninstituten in Japan, waar het machismo nog steeds floreert, ook nu nog moeite hervormingen door te voeren. Als de vertegenwoordigers van de 26.000 priesters van de sōtō-school eens per jaar samenkomen in Tokyo, is er nog geen schim van een vrouwelijke kesa te zien. En dat terwijl er de laatste jaren markante vrouwen zijn opgestaan, zoals Shundō Aoyama,[97] de abdis van het Aichi Senmom Nisodo, een in 1903 gesticht noviceklooster voor nonnen van de sōtō-zen. Ze is verantwoordelijk voor de tempels Seiho-ji en Muryo-ji. Deze Shundō Aoyama, een vrouw met karakter en overtuiging, verklaarde in 2002 in een interview voor het tijdschrift *Actualités des religions*:

> *'Toen ik toetrad tot het klooster mochten nonnen niet aan het hoofd van een tempel staan, geen leerlingen hebben, geen onderwijs geven. Zelfs hier, in Nagoya, stond de tempel onder leiding van een man. Maar de vrouwen hebben een eeuw lang gestreden tegen deze culturele druk, al sinds het Meiji-tijdperk. Tegenwoordig zijn vrouwen de beste monniken. Want in de loop der eeuwen hebben de vrouwenkloosters zich buiten de politieke spelletjes*

---

97 Bekijk het interview in de uitzending *Sagesses bouddhistes* (*bouddhismeaufeminin.org/aoyamaroshi*) en lees haar twee boeken (*Le Zen et la vie*, bij Albin Michel en *Zenzaden: Overdenkingen van een vrouwelijke priester*, bij Synthese).

en historische stormen gehouden die het Japanse boeddhisme uit koers hebben gebracht. Dankzij deze status aparte, die ons beschutte, konden we trouw blijven aan de leerstellingen van de zen zoals meester Dōgen die aanprees.'

In het Westen heeft de zen de laatste jaren juist een ware hervorming doorgemaakt ten gunste van de gelijkheid tussen mannen en vrouwen. In de Verenigde Staten en in Europa hebben vrouwen dankzij het ontbreken van een kloosterlijke traditie en een kerkelijke hiërarchie met starre voorschriften, een gelijke behandeling kunnen opeisen in de verschillende sangha's. Er is nog een lange weg te gaan en in de Verenigde Staten lijkt men wat verder op dit vlak dan in Europa. Maar dat zich langzaam een omwenteling in de zeden voltrekt, blijkt uit een lijn van zen-matriarchen[98] wier namen elke ochtend worden gezongen in bepaalde zentempels, net als gebeurt met die van hun mannelijke collega's.[99]

---

98 François Dosan Loiseau, *Les Matriarches du zen*, (*boutique-zen.com*).

99 Meer informatie over vrouwelijk zen vind je op de uitstekende site *bouddhismeaufeminin.org*.

'Nan-In, een Japanse meester uit het Meiji-tijdperk (1868-1912), kreeg op een dag bezoek van een Amerikaanse professor die meer wilde weten over de zen. Terwijl Nan-In stilzwijgend thee zette, wijdde de professor uitvoerig uit over zijn eigen filosofische inzichten. Toen de thee klaar was, schonk Nan-In de gloeiend hete drank heel langzaam in het kopje van zijn bezoeker. De man bleef maar praten en Nan-In bleef thee schenken totdat het kopje overliep. Toen hij de thee over de tafel zag gaan en zo de theeceremonie in het honderd zag lopen, riep de professor geschrokken uit:

'Maar het kopje is vol! Er kan niets meer bij!'

Kalm antwoordde Nan-In:

'U bent als dit kopje, al vol overtuigingen en vooringenomen ideeën. Hoe zou ik u over zen kunnen vertellen? Om te kunnen leren, moet u eerst uw kopje legen!'

Zen-sprookje

Zen vandaag de dag

Er zijn vijftienhonderd jaar verstreken sinds in Kanton Boddhidharma aan land ging, de monnik met zijn boeventronie aan wie we, volgens de legende of in werkelijkheid, de uitvinding danken van de Chinese tch'an, de voorloper van de Japanse zen. Sindsdien zagen we hoe meesters deze beoefening van shikantaza ('gewoon zitten') doorgaven aan hun volgelingen, ongeacht de historische wisselvalligheden, de constante pogingen van een machtig kloosterlijk feodalisme om zich deze oefening toe te eigen en ondanks de afwisseling van verval en vernieuwing ervan. Als een feniks die voortdurend herrijst uit zijn as, is deze schat doorgegeven tot in onze tijd. Maar nu we het er toch over hebben: hoe staat het tegenwoordig met de zen?

In Japan vormt het zenboeddhisme slechts een van de vele religieuze stromingen in het leven van de inwoners. Dezen geven blijk van een syncretisme dat in hun genen zit en gaan net zo goed naar boeddhistische tempels als naar shintoheiligdommen. Heel veel Japanners gaan een week nadat ze het christelijke kerstfeest hebben gevierd naar een boeddhistische tempel op 31 december, een dag die *Omisoka* heet, om er te luisteren naar de *Joya no Kane*, de klok van de laatste nacht van het jaar. De volgende dag gaan ze ongetwijfeld voor hun nieuwjaarswensen naar het shintoheiligdom, een plek waar ook studenten naartoe gaan voordat ze examen doen of vrouwen die maar moeilijk zwanger raken. Ze willen er de gunsten inroepen van de *kami*, de animistische geesten. Wanneer ze trouwen en er de middelen voor hebben, aarzelen veel Japanners niet om twee keer het jawoord te geven: een keer voor een zogenaamde priester of dominee (compleet met orgel en witte jurk, allemaal heel *kawaï* oftewel schattig!) en een tweede keer in de shintotempel met mevrouw in kimono en meneer in een *hakama* (wijde geplooide broek): tradities zijn er niet voor niets.

Je ziet, de concurrentie is groot! Toch is de zenclerus er mettertijd in geslaagd om zich een eigen en lucratief domein toe te eigenen: begrafenissen. Het zingen van soetra's, wolken wierook, gebeden voor de doden: de zenpriesters, of ze nu gehoorzamen aan de rinzai, sōtō of obaku, zorgen voor spektakel en de nodige inkomsten. Sommige Japanse historici spreken zelfs van 'begrafenisboeddhisme' als ze het over zen hebben.[100] We hebben dus te maken met een echt religieus instituut dat, omdat het geen celibaat kent voor zijn priesters, wordt voortgezet van vader op zoon. Daarvoor is

---

100 Bernard Faure, *Idées reçues sur le bouddhisme*.

het natuurlijk zaak om goede dienaren op te leiden van de religie die vaak van hun verwekker een tempel en bijbehorende functie erven, goedschiks of kwaadschiks. Het is dus niet zo vreemd dat in de aan onderwijs gewijde tempels de leerling-abten er meer mee bezig waren de ingewikkelde rituelen van een begrafenisceremonie uit het hoofd te leren dan hun geestelijk leven te verdiepen. Veel ceremonies, weinig zazen, zoals menig Europeaan die in Japanse tempels verbleef zelf heeft kunnen constateren.

Toch zitten er achter elk instituut echte mensen en ook in Japan vinden we in een paar tempels nog steeds authentieke zenmeesters, die hun geloof zo diep en standvastig belijden dat ze niet onderdoen voor hun tegenhangers uit het verleden. Neem de tijd om eens de prachtige documentaire van Arte te bekijken over Ekiyo Miyazaki, de voormalige abt van de tempel Eihei-ji,[101] de moedertempel van de sōtō-school. De film zal je overtuigen. We zien dat hij als 104-jarige nog steeds elke morgen opstaat om halfvier om zazen te doen voor hij zijn dag vult met het kalligraferen van de hartsoetra voor de achtduizendste keer. Voor hem geldt: *'Dōgen Zenji heeft ons de weg gewezen. De zithouding tijdens meditatie leert ons om een goed leven te leiden, ook al vinden we dat moeilijk. [...] We moeten leren om onze wensen opzij te zetten. En zazen is de manier daartoe.'*

---

101 De documentaire *Un maître du sōtō zen – 1902-2008 – 95 ans de zazen*, te zien op YouTube.

In het Westen is de beoefening van de zen, die halverwege de vorige eeuw uit Japan is overgewaaid, niet verbonden met enig religieus instituut. Ook al is er een aantal kloosters en permanent bewoonde centra, het praktiseren van zen vindt voornamelijk plaats in de burgermaatschappij, in dojo's of geïmproviseerde oefenruimtes die worden beheerd door vrijwilligers. En ook al behoudt zen nog steeds een religieus karakter, iedereen, of hij nu christen, jood, islamiet, atheïst of overtuigd boeddhist is, kan deze plaatsen bezoeken en zich laten inwijden in de beoefening en verdieping van de zen.[102] En paradoxaal genoeg zien we dat datgene waartoe Kōdō Sawaki en andere zenmeesters voor hem zo sterk hadden opgeroepen, namelijk de opkomst van een authentieke zen rond de oorspronkelijke beoefening van *shikantaza*, uiteindelijk in Europa en de Verenigde Staten is gerealiseerd terwijl die terugkeer naar de bron in Japan nauwelijks vorm krijgt.

Drie uitzonderlijke personen hebben ervoor gezorgd dat de zen voet aan de grond kreeg en opbloeide op westerse bodem, die bijzonder vruchtbaar is gebleken.

Shunryu Suzuki

Shunryu Suzuki was degene die in de jaren zestig van de vorige eeuw de beoefening van zen in de Verenigde

---

[102] Zie de lijst van zen-locaties op blz. 211.

Staten deed opbloeien. Voor hem werd dit werk gedaan door een andere Suzuki, Daisetu Teitaro, een professor in het boeddhisme aan de Otani-universtiteit in Tokio. Het uitgebreide oeuvre van Daisetu heeft flink geholpen om thema's van de zen tussen beide wereldoorlogen populair te maken in intellectuele kringen in Amerika en Europa. Zijn belangrijkste werk, *Essays over het zenboeddhisme*, werd in 1940 vertaald in het Frans. En aan hem danken we de eerste Engelse vertaling van de bestseller van de Duitse filosoof Eugen Herrigel *Zen In The Art Of Archery* uit 1948. Tien jaar later, in 1959, zette Shunryu Suzuki voet op Amerikaanse bodem. Daisetsu had er de geest van de zen gezaaid, Shunryu maakte de beoefening populair. De zenmonnik uit de sōtō-school, die was opgeleid in de kloosters Eihei-ji en Sōji-ji, was 55 jaar en had al een stevige reputatie opgebouwd in Japan toen hij zich in San Francisco vestigde. In de jaren die volgden opende hij niet minder dan zeven meditatiecentra in de Verenigde Staten, waaronder het Zen Center in San Francisco en het Zen Mountain Center in Tassajara Hot Spring boven Carmel Valley. Eigenlijk was Shunryu Suzuki aan de westkust neergestreken om de grote Japanse gemeenschap die er woonde een spiritueel kader te geven. Uiteindelijk wijdde hij zijn tijd liever aan Amerikaanse studenten, die veel gemotiveerder waren voor de beoefening van zazen en nam hij het risico op de koop toe dat dit spanningen zou oproepen met de *Sōtōshu*, de overkoepelende organisatie voor sōtō in Japan.

Zowel Daisetsu als Shunryu Suzuki en later Hakuyu Taizan Maezumi hebben talrijke leerlingen opgeleid die op hun beurt hebben meegeholpen aan de verbreiding van de zazenbeoefening op het Amerikaanse continent. Enkelen van hen zijn diverse malen geciteerd in dit boek.

Thich Nhat Hanh

De Vietnamese zenmonnik Thich Nhat Hanh stond wereldwijd bekend als spiritueel leider, naar het voorbeeld van de dalai lama. Als filosoof, dichter en schrijver van veel gemakkelijk leesbare boeken, heeft hij zich bewezen als onvermoeibaar pleitbezorger van de vrede en als verspreider van een geëngageerd boeddhisme dat direct beantwoordt aan de behoeften van de maatschappij en zich verzet tegen alle vormen van sociaal, politiek of economisch onrecht. Als een apostel die zich uitsprak tegen geweld in een in een oorlog verwikkeld Vietnam mocht hij in 1966 na een reis naar de Verenigde Staten niet terugkeren in zijn eigen land. Een jaar later droeg Martin Luther King, die hem kort ervoor had ontmoet, de monnik voor voor de Nobelprijs van de Vrede. In 1982 stichtte Thich Nhat Hanh Plum Village in de Franse Gironde, dat van een kleine boerderij stap voor stap uitgroeide tot een van de grootste en actiefste boeddhistische kloosters in Europa. Er wonen nu meer dan tweehonderd – voor het merendeel Vietnamese – monniken en nonnen. Elk jaar ontvangt het centrum tot wel achtduizend bezoekers uit de hele wereld die willen leren om in vol bewustzijn te leven. In de loop van de laatste twee decennia opende Thich Nhat Hanh ook kloosters in Californië, Mississippi, New York, Vietnam, Parijs, Hong Kong, Thailand en Australië, evenals het eerst Europese 'Instituut voor toegepast boeddhisme' in Duitsland. Aan het eind van zijn leven verbleef hij in de Tu Hieu-pagode in Vietnam. Op zijn 88ste werd hij getroffen door een hartinfarct, waarvan hij nooit helemaal weer herstelde. Op 22 januari 2022 stierf Thich Nhat Hanh op 95-jarige leeftijd.

Taisen Deshimaru

Iwamoto Zenji, een van de meest toonaangevende personen uit de hedendaagse zen, noemde Taisen Deshimaru de 'moderne Bodhidharma'. Deshimaru plantte en verspreidde het zaadje van de zen vanaf de jaren zestig in Europa. Geboren in 1917 in een oud samoeraigeslacht, leidde hij een hectisch leven als zakenman voor hij in november 1965 tot monnik werd gewijd door Kōdō Sawaki, die niet veel later zou overlijden. Op aanraden van Sakawi trok Deshimaru naar Parijs, waar hij in juli 1967 aankwam op het Gare de Lyon na een lange reis met de Trans-Siberië-expres. Zijn enige bagage bestond uit zijn zafu, zijn kesa en de notitieblokken van Kōdō Sawaki. Hij sprak geen woord Frans en communiceerde met de groep Franse macrobioten die hem onderdak bood in gebrekkig Engels, dat hij had geleerd op een protestantse school in Japan. Later zou hij het betitelen als 'zenglish'. Binnen vijftien jaar opende deze kleurrijke, charismatische en uiterst vitale persoon dojo's in heel Frankrijk en heel Europa. Hij leidde duizenden leerlingen op, richtte de International Zen Association op en liet de grootste zentempel van Europa bouwen, in La Gendronnière, nabij Blois. 'De boom is te herkennen aan zijn vruchten,' zegt het Evangelie. Tegenwoordig bezit de International Zen Association (IZA) meer dan tweehonderd locaties voor de zenbeoefening (tempels, zencentra, dojo's, groepen) en overkoepelt tientallen sangha's geleid door oud-leerlingen van meester Deshimaru, die overleed in 1980. Sommigen leggen de nadruk op studie, anderen op rituelen, weer anderen op het kloosterleven en dan zijn er nog degenen die kiezen voor een soort iconoclastische spontaniteit. Een aantal oud-leerlingen van Deshimaru heeft een eigen sangha gecreëerd buiten de IZA om (zie de lijst van zenlocaties hiernaast).

Uiteindelijk heeft het grote aantal benaderingen, waarin de diversiteit van het leven zelf tot uiting komt, duizenden Europeanen laten kennismaken met zazen, de zittende houding die is nagelaten door Boeddha Shakyamuni en zonder franje of omwegen is doorgegeven gedurende de eeuwen en die het mogelijk maakt terug te keren naar *'de normale, oorspronkelijke toestand van lichaam en geest'*.

Zenlocaties in Europa

Union bouddhiste de France: *bouddhisme-france.org*
International Zen Association (sōtō)**:** alle locaties om zen te beoefenen vind je op de site *zen-azi.org*
Kosen Thibaut (sōtō)**:** *zen-deshimaru.com*
Duitse Zen Associatie (sōtō)**:** *zen-vereinigung.de*
Fudenji (sōtō, **Italië**)**:** *fudenji.it*
Communidad Budista Zen española (sōtō)**:** *sotozen.es*
La demeure sans limites (sōtō)**:** *larbredeleveil.org*
Plum Village (Vietnamese zen): *plumvillage.org*
Centre de la Falaise Verte (rinzai): *falaiseverte.org*
Scaramucia (rinzai, Italië): *zenshinji.org*
Bodhidharma Zendo (rinzai, Oostenrijk): *bodhidharmazendo.at*
Centre Dürckheim: *centre-durckheim.com*
Kwam Un Zen (Koreaans): *kwanumeurope.org*
Westerchanfellowship (tch'an): *westernchanfellowship.org*
Maha Karura Ch'an (tch'an): *mahakarunachan.nl*

Verklarende woordenlijst

Bankei Yōtaku Rinzai-zenmeester (1622-1693), vooral bekend om zijn lessen over het 'ongeborene'.

Bodhi Afgeleid van de Sanskriet-wortel *budh*. De term betekent 'verlichting'.

Bouvier, Nicolas Zwitserse schrijver, fotograaf en iconograaf (1929-1998), auteur van diverse reisverhalen waaronder meerdere over Japan, verteld in de *Japanese Chronicles* (Van Ditmar Boekenimport B.V.).

Confucianisme De leer die werd verbreid door Confucius (551-479 v.C.). Filosofische, morele, politieke en religieuze leer, die de Chinese samenleving en in bredere zin de samenlevingen in het Verre Oosten al ruim tweeduizend jaar beïnvloedt.

Daimyō Leenheer met uitgestrekte landerijen en talrijke vazallen in het feodale Japan.

Dharma De leer van Boeddha zoals die werd gepredikt aan de mensen en meer in het algemeen een universele wet en de fenomenen die daarvan de manifestatie zijn.

Dojo Letterlijk de plek (*jō*) waar men de weg bestudeert (*dō*). In een dojo kunnen beoefenaren terecht van zen (*zendō*), van *judō* (weg van de souplesse), van *aïkidō* (weg van het samenbrengen van levensenergie), van *kendō* (weg van de sabel) enzovoort.

Door de wereld vereerde Een van de vele namen van Boeddha Shakyamuni, net als de 'Gezegende', de 'Welkome', 'Hij die heeft gezegevierd' enzovoort.

Dürckheim, Karlfried, graaf Duits diplomaat, psychotherapeut en filosoof (1896-1988), tijdens zijn verblijf in Japan ingewijd in het rinzai-zenboeddhisme.

Eisai Myōan (1141-1215) (Chin. Yōsai) Grondlegger van de rinzai-school in Japan, voortgekomen uit het Chinese tch'an. Hij zou ook de theecultuur in het Land van de Rijzende Zon hebben geïntroduceerd.

Enkyo Pat O'Hara Amerikaanse sōtō-non, onderwijzeres en grondlegster en abdis van Zendo Village in New-York.

Eshin Sozu (942-1017) Japans tendia-boeddhismemeester en verbreider van het boeddhisme van de zuivere aarde.

Fukanzazengi Of *Universele aanbevelingen voor de beoefening van zazen.* Titel van de tekst die Dōgen opstelde in 1227 bij zijn terugkeer uit China en die hij herschreef in 1242-1243.

Fuyo Dokaï (1043-1118) (Chin. Fujung Tao k'ai) Chinese tch'an-meester. Dōgen zei over hem: *'Hij is de bron, de wortel, de ruggengraat, de botten en het merg van de sōtō-zen. Hij had de geest van de Boeddha en de ware zen heeft zich ontwikkeld en is tot bloei gekomen dankzij hem.'*

Gendronnière, La De belangrijkste zenboeddhistische tempel van de sōtō-school in Europa, gesticht door meester Taisen Deshimaru in Frankrijk, in de buurt van Blois.

Hara Zwaartepunt van het lichaam en zetel van de emoties, op drie vingerbreedtes onder de navel.

Herrigel, Eugen Duits filosoof (1884-1955), schrijver van het boek *Zen in de kunst van het boogschieten* (1948).

Hīnayāna Het 'kleine voertuig' is een misprijzende term die de hoeders van het mahāyānna (grote voertuig) gebruiken om de aanhangers van de théravāda aan te duiden.

Houang-Po (Chin. Huangbo Xiyun) was een groot boeddhistisch meester uit de tch'an-school in het tijdperk van de Handynastie in China. De in 850 overleden meester was een van de grondleggers van de rinzaischool.

Hui-nēng (638-713) De zesde Chinese patriarch en grondlegger van de school van het zuiden.

Jōshū Jūshin (Chin. Zhaozhou Congshen) (778-897) Tch'ánboeddhistisch meester en auteur van befaamde koans.

Kakemono Letterlijk 'hangend voorwerp'. De term verwijst in Japan naar een schilderij of kalligrafie op zijde of papier die bedoeld is om aan de muur te hangen wanneer ze niet is opgerold om te bewaren.

Kanji Chinese schrifttekens die werden gebruikt om de Japanse taal op te schrijven.

Karesansui Japanse tuin met zand, rotsen, grind en mos, maar zonder water.

Kesa Het kleed van Boeddha en zijn monniken. Het wordt traditioneel gemaakt van afgedankte stukken stof die zijn gewassen, geverfd in gebroken kleuren en aan elkaar genaaid als een lappendeken van rijstvelden.

Koan Verwijst in de zen naar een probleem, een raadsel dat alleen valt op te lossen door te redeneren.

Kusen Het mondelinge onderwijs van de meester tijdens de zazen.

Levitt, Peter Dichter, vertaler en grondlegger van de Salt Spring Zen Circle, volger van de sōtō-zen van Shunryu Suzuki Roshi.

Lin Tsi (Chin. Línjì Yìxuán) (?-866) Grondlegger van de rinzai-school in het tch'an-boeddhisme onder de Tang-dynastie in China.

Mahāyānna Van *maha* (groot) en *yāna* (voertuig): een van de twee basisinterpretaties van de leer van Boeddha.

Mindfulness Het volle bewustzijn, vanaf 1979 ontwikkeld door Jon Kabat-Zin, bioloog en emeritus-hoogleraar in de geneeskunde. Hij bedacht een methode om stress te verminderen, gebaseerd op het volle bewustzijn, de MBSR (Mindfulness Based Stress Reduction), vanuit de wens om traditionele meditatietechnieken aan te passen en te gebruiken als therapeutisch instrument dat voldoet aan de wetenschappelijke en medische eisen.

Monnik die afziet van zijn thuis (*shukke*) Geestelijke die in een klooster leeft in tegenstelling tot een gelovige leek die in zijn huis blijft wonen (*zaike*).

Nichiren (1222-1282) Monnik uit het Kamakura-tijdperk, die de gelijknamige school stichtte. Hij richtte zijn pijlen op alle andere boeddhistische scholen in Japan, vooral omdat, naar hij verklaarde, '*zen het werk is van de duivel*'.

Nirwana Het uitdoven van het verlangen, de opheffing van karma en de definitieve verlossing van de samsāra, voortvloeiend uit verlichting.

Obaku Zen-school van Chinese oorsprong, die in de zeventiende eeuw in Japan werd geïntroduceerd.

Plotinus (205-270 n.C.) Grieks-Romeinse filosoof uit de late klassieke oudheid, de voornaamste vertegenwoordiger van de filosofische stroming 'neoplatonisme'.

Reigen Wang-Genh, Olivier Leerling van meester Deshimaru in de sōtō-zen, voorzitter van de IZA, International Zen Association, vicevoorzitter van de UBF, Union bouddhiste de France, en huidige abt van het klooster Ryumon-ji in de Elzas.

Ricard, Matthieu Boeddhistisch monnik in de Tibetaanse traditie, vertaler van de dalai lama, fotograaf en essayist.

Rinzai Een van de twee grootste zen-scholen in Japan (naast de sōtō) gesticht door Línjì Yìxuán (?-866; Jap. Rinzai Gigen) waarin het onderwijs draait om het oplossen van koans.

Sint-Franciscus van Assisi (1181-1226) grondlegger van de Orde der Minderbroeders en voorvechter van een vroom leven in vreugde, armoede en liefde voor de goddelijke schepping.

Samu (of *samou*) Dagelijkse lichamelijke arbeid die alle zenbeoefenaren doen in dienst van de gemeenschap.

Samsāra De cyclus van geboorte en dood van wezens, waaraan niemand kan ontkomen behalve door de uiteindelijke verlossing, het nirwana.

Sangha Gemeenschap van beoefenaren. Naast Boeddha en dharma een van de drie schatten die beschermd moeten worden.

Satori Het Japanse woord voor verlichting, ook wel *kensho* genoemd.

Sesshin (van *setsu*: aanraken en *shin*: geest) Meerdaagse intensieve beoefening van zazen.

Seung Sanh (1927-2004) Koreaans zenmeester, die zich in de Verenigde Staten heeft gevestigd.

Shakyamuni Naam van de historische Boeddha, die 'de wijze uit de Shakya-clan' betekent. Deze naam kreeg Siddhārta Gautama na zijn verlichting.

Shikantaza Letterlijk *za*: 'zitten', *shikan*: 'zonder iets', *ta*: 'doen'.

Shintoïsme Oorspronkelijke Japanse godsdienst, de verering van kami, de vergoddelijkte personificaties van natuurkrachten.

Shōbōgenzō Zuimonki *Schat van het oog van de ware weg*, titel van de bundel met daarin de meeste theoretische geschriften van meester Dōgen.

Shingon 'Het ware woord', esoterische school binnen het Japanse boeddhisme, gesticht in de negende eeuw door Kōbō Daishi, die tot op de dag van vandaag een van de belangrijkste is in de archipel.

Shogun Militair dictator, die tijdens de feodale tijd feitelijk de macht had in Japan.

Shusso Monnik van de hoofdvestiging of eerste leerling. In Europa verwijst dit naar wie verantwoordelijk is voor de goede orde en concentratie in de dojo.

Siddhārtha Gautama Oospronkelijke naam van Boeddha; Siddhārta betekent 'hij die zijn doel bereikt' en Gautama 'de beste der runderen' (wat verwijst naar de vele kudden die zijn clan, de Shaya, bezat).

Sōtō (Chin. Caodong) Een van de twee grootste zenscholen in Japan. Ze werd gesticht in China in de negende eeuw onder de invloed van twee meesters: Caoshan Benji (in het Japans: Sōsan Honjaku) en zijn meester Dongshan Liangjie (in het Japans: Tōzan Ryokai). De school dankt haar naam aan het eerste Chinese letterteken van hun naam.

Sumi-e Japanse term ontleend aan *sumi* (zwarte inkt) en *e* (schilderij). Aquarel in Oost-Indische inkt, het favoriete artistieke medium van zenmonniken.

Suzuki Daisetz Teitaro (1870-1966) Erudiete Japanse denker aan wie we veel boeken en artikelen over het boeddhisme en over zen danken. Deze hebben veel bijgedragen aan de belangstelling voor zen in het Westen.

Suzuki Shunryu (1904-1971) Een van de markantste en meest gerespecteerde meesters in de lijn van Dōgen en de sōtōschool, die hij introduceerde in de Verenigde Staten.

Taoïsme Een van de drie pijlers van de Chinese filosofie, naast het confucianisme en het boeddhisme. Het is gebaseerd op een principe waaruit al het andere is voortgekomen, 'tao', dat berust op drie belangrijke teksten, te weten de *Tao Tö King* van Lao Tseu, de *Lie Tseu* en de *Zhuāngzǐ* van Tchouang Tseu.

Tch'an Chinees woord dat het equivalent is van *dhyāna* in het Sanskriet en *zen* in het Japans.

Tendai Chinese boeddhistische school, tegenwoordig een van de belangrijkste takken van het Japanse boeddhisme. De beoefening van de leer bestaat voornamelijk uit meditatie.

Tendō Nyojō (Chin. Tiāntóng Rújìng) (1163-1228) Chinese boeddhistische monnik, die vanuit de tempel Keitoku-ji onderwees en de dharma doorgaf aan Dōgen, de grondlegger van de sōtō-zen.

Tenzo Hoofd van de keukens, een van de belangrijkste taken in een zentempel.

Théravāda De 'leer van de ouden', de enig overgebleven tak van het Hinayāna, dat in heel Zuidoost-Azië wordt beoefend.

Tokonoma In een Japans huis de wat verhoogde alkoof waarin een kunstwerk wordt tentoongesteld.

Vajrayāna Het 'voertuig van diamant' is de tantrische of esoterische school van het Tibetaanse boeddhisme.

Vipassanā Verwijst in de boeddhistische traditie naar 'diep inzicht' of 'introspectie', evenals naar de eraan gerelateerde meditatievormen.

Voddengewaad Andere naam voor een kesa.

Watts, Alan W. (1915-1973) Amerikaanse filosoof, schrijver en spreker die beschouwd wordt als een van de grondleggers van de tegencultuur in de Verenigde Staten.

Zafu Kussen, gevuld met kapok, waarop je gaat zitten om aan zazen te doen.

Bibliografie

Aoyama, Shundō, *Le Zen et la vie*, Albin Michel, 2008; *Zenzaden: Overdenkingen van een vrouwelijke priester*, Synthese, 2010.

Aucante, Yann & Ryōko, Asuka, *Dōgen, le fondateur de l'école zen sōtō*, L'Harmattan, 2011.

Blain, Dominique, *Sensei, Taisen Deshimaru, maître zen*, Albin Michel, 2011.

Boussard, Luc (tekst) en **Reikai Vendetti** (illustraties), *Pèlerinage chez les maîtres éminents*, Sully, 1999.

Brosse, Jacques, *Les Maîtres zen*, Spiritualités vivantes, Albin Michel, 1996; *L'Univers du zen*, Albin Michel, 2003.

Chih Chung, Tsai, *Soyons zen*, bd Lys, 2002.

Deshimaru, Roshi-Taisen, *Le Bol et le bâton, 120 contes zen*, Spiritualités vivantes, Albin Michel, 1986; *Autobiography of a zen monk*, Hohm Press, 2022.

Devillairs, Laurence, *Être quelqu'un de bien. Philosophie du bien et du mal*, éditions PUF, 2020.

Dōgen, *Cooking Zen: Zen master Dogen's instructions to the kitchen master and on how to use your bowls*, Great Matter Publications, 1995.

Faure, Bernard, *Idées reçues sur le bouddhisme*, Le Cavalier Bleu, 2019.

Fontaine, Claire S., *Contes zen, Ryōkan le moine au coeur d'enfant,* Le Courrier du Livre, 2001; *365 jours zen,* Le Courrier du Livre Poche, 2000.

Goldstein, Joseph, *Le Chemin vers l'éveil*, De Boeck Supérieur, 2017.

Low, Albert, *Dans la forge du maître Hakuin,* Mediaspaul, 2007.

Masuno, Shunmyo, *Ranger, une pratique zen,* éditions Philippe Picquier, 2017.

Montserrat, Laia, *Un cerisier sur le balcon, pratiquer le zen en ville*, Jouvence Éditions, 2019.

Morinaga, Sōkō, *Face à mon incommensurable stupidité, la leçon du zen,* Le Courrier du Livre, 2004.

Murcott, Susan, *The First Buddhist Women,* Parallax Press, 2002.

Nachman van Breslov, Rabbi, *The Empty chair: Finding Hope and Joy*, Jewish Lights, 2011.

Rech, Roland, *Zenmonnik in het Westen – gesprekken over leven en traditie,* VBK Media, 1997.

Reigen Wang-Genh, Olivier, *C'est encore loin l'éveil?,* Le Relié, 2020.

Rinpotché, Yongey Mingyur, *Bonheur de la méditation,* Fayard, 2007; Le Livre de Poche, 2009.

Robert, Kengan D., *Les Enseignements du maître zen Dōgen: Shōbōgenzō Zuimonki,* Sully, 2012.

Rommeluère, Éric, *Le bouddhisme engagé,* 2013, *S'asseoir tout simplement: l'art de la méditation zen,* éditions du Seuil, 2015.

Ryōko, Asuka, *La Longévité selon le zen*, L'Harmattan, 2006.

Sablé, Eric, *Dictionnaire du bouddhisme zen*, Dervy, Chemins de sagesse, 2012; *Hakuin, le secret de la contemplation*, Dervy, Chemins de sagesse, 2004.

Sakaguchi, Hisashi, *Ikkyū*, Glénat, 1996-1997 en Vents d'Ouest, 2003-2004.

Salzberg, Sharon, *Echte liefde*, Boekerij, 2018; *L'Amour qui guérit*, Belfond, 1995.

Sawaki, Kōdō, *Le Chant de l'éveil, le Shōdōka commenté par un maître zen,* Spiritualités vivantes, Albin Michel, 1999; *To you: Zen sayings of Kōdō Sawaki*, Hohm Press, 2022.

Shibata, Maryse en Masumi, *Ikkyū – Nuages fous,* Spiritualités vivantes, Albin Michel, 1991.

Souyri, Pierre-François, *Nouvelle histoire du Japan,* éditions Perrin, 2010.

Suzuki, Daisetz T., *Les chemins du zen*, Espaces libres, Albin Michel, 1995.

Suzuki, Shunryu, *Esprit zen esprit neuf*, Points, Sagesses, 2014.

Tannier, Kankyo, *À la recherche du temps présent*, éditions First, 2018.

Tolle, Eckhart, *De kracht van het nu*, AnkhHermes, 2021.

Turlur, Pierre, *Trois Maîtres zen: le vertueux, le rêveur, le vagabond,* Le Relié, 2020.

Wetering, Janwillem van de, *De lege spiegel: Ervaringen in een Japans zenklooster*, Asoka, 2021.

Watts, Alan W., *The Way of Zen*, Ebury Digital, 2021.

Dank aan

Mireille, mijn metgezel in het leven en op de weg,
de eerste lezer van dit boek,
François, mijn tweede en zeer nauwgezette lezer die
de tekst veel leesbaarder heeft gemaakt,
Bernard, die wat orde heeft gebracht in mijn
aanhalingstekens,
het hele team bij Éditions de l'Opportun, en met
name Coralie en Stéphane,
Yves, Claude, Béa en Olivier, die me hebben geleid
en me blijven leiden op de weg,
de hele sangha van de IZA.